Informatik aktuell

Herausgeber: W. Brauer
im Auftrag der Gesellschaft für Informatik (GI)

Springer
Berlin
Heidelberg
New York
Hongkong
London
Mailand
Paris
Tokio

Peter Holleczek
Birgit Vogel-Heuser (Hrsg.)

Verteilte Echtzeitsysteme

Fachtagung der GI-Fachgruppe 4.4.2
Echtzeitprogrammierung und PEARL (EP)
Boppard, 27./28. November 2003

Springer

Herausgeber

Peter Holleczek
Regionales Rechenzentrum
der Universität Erlangen-Nürnberg
Martensstraße 1, 91058 Erlangen
holleczek@rrze.uni-erlangen.de

Birgit Vogel-Heuser
Bergische Universität Wuppertal
Automatisierungstechnik/Prozessinformatik
Rainer-Gruenter-Str. 21, Geb. FC, 42119 Wuppertal
bvogel@uni-wuppertal.de

Programmkomitee

R. Arlt	Hannover
R. Baran	Hamburg
W. Gerth	Hannover
W. Halang	Hagen
H. Heitmann	Hamburg
P. Holleczek	Erlangen
H. Kaltenhäuser	Hamburg
R. Müller	Furtwangen
H. Reißenweber	Paderborn
D. Sauter	München
G. Thiele	Bremen
B. Vogel-Heuser	Wuppertal
H. Windauer	Lüneburg

Bibliographische Information der Deutschen Bibliothek
Die Deutsche Bibliothek verzeichnet diese Publikation in der Deutschen Nationalbibliografie; detaillierte
bibliografische Daten sind im Internet über http://dnb.ddb.de abrufbar.

CR Subject Classification (2001): C.3, D.4.7

ISSN 1431-472-X
ISBN 3-540-20141-6 Springer-Verlag Berlin Heidelberg New York

Springer-Verlag Berlin Heidelberg New York
Springer-Verlag ist ein Unternehmen von Springer Science+Business Media

springer.de

© Springer-Verlag Berlin Heidelberg 2003
Printed in Germany

Satz: Reproduktionsfertige Vorlage vom Autor/Herausgeber
Gedruckt auf säurefreiem Papier   33/3142-543210

Vorwort

Der Schwerpunkt des diesjährigen Workshops lautet **Verteilte Echtzeitsysteme**. Zunächst stellen sich eine Reihe von Fragen: Warum wählte die Fachgruppe diese Themenstellung und was verstehen wir unter einem verteilten System. Eine provokative Frage lautet: gibt es überhaupt verteilte Echtzeitsysteme oder ist dies ein Widerspruch in sich. Welche Vorteile bringen verteilte Systeme mit sich. Diese Frage soll während des Workshops diskutiert werden.

Verteilte Systeme werden gemeinsam mit Schlagworten wie Dezentralisierung, Modularität und komponentenbasierten Systemen in der letzten Zeit stark diskutiert: Helmut Gierse der Vorsitzende des ZVEI-Fachverbandes Automation (Zentralverband Elektrotechnik und Elektroindustrie e.V.) weist als technologischen Trend in seinem Statement zur diesjährigen Hannover Messe auf verteilte Systeme hin: „...unsere Industrie setzt weltweit auf verteilte Automatisierungsstrukturen, auf durchgängige Kommunikation und den Einsatz offener IT-Standards." Einige führende Hersteller von Automatisierungstechnik werben mit durchgängigen verteilten Systemen, die über Ethernet vernetzt sind. Das Thema ist also bereits in der Diskussion und lohnt einer genaueren Betrachtung.

Eine eindeutige Definition findet sich schon schwieriger. Die meisten Definitionsversuche basieren auf der Klassifikation von Flynn und vernachlässigen dabei den Aspekt der Echtzeit. Der vorliegende Tagungsband schließt einen Teil dieser Lücke und prüft „die offenen IT-Standards" auf ihre Echtzeiteigenschaften.

Eine Übersicht über den „Stand der Kunst" bei verteilten Echtzeitsystemen wird einleitend gegeben:

- Was ist neu an der Verteilung,
- was ist eigentlich schon lange bekannt und
- was ist noch zu lösen.

In der ersten Sitzung des Workshops „Engineering" wird die Objektorientierung und Echtzeit behandelt, dabei werden Modellierungsaspekte ebenso wie die Einplanbarkeitsanalyse untersucht. In der Sitzung „Diagnose und Wartung" werden die verteilten Systeme unter diesem besonderen Blickwinkel untersucht. In den beiden Sitzungen zu Anwendungen werden sowohl die Aspekte der Realisierung von zeitgesteuerten verteilten Regelungen als auch der Entwurf eines dezentralen Multitasking-Systems untersucht. Eine Untersuchung der Paradigmen (Objektorientierung) in der Echtzeitanwendung sowie zur Modularisierung runden das Programm ab.

Das Programmkomitee der Fachgruppe ist überzeugt, ein aktuelles und interessantes Programm zusammengestellt zu haben und freut sich, in Gestalt der Reihe Informatik aktuell wieder ein vorzügliches Publikationsmedium zur Verfügung zu haben. Dank ergeht an die Firmen Artisan, Bosch, GPP, Siemens, Werum und das Inst. für Rundfunktechnik, die mit ihrer Unterstützung die Veranstaltung erst ermöglicht haben.

Wir wünschen den Teilnehmern einen intensiven Erfahrungsaustausch.

September 2003

Wuppertal

Erlangen

Birgit Vogel-Heuser

Peter Holleczek

Inhaltsverzeichnis

Verteilte Echtzeitsysteme und Eingebettete Systeme
Über Systeme und Technologien

Hartwig Steusloff

Fraunhofer-Institut für Informations- und Datenverarbeitung (IITB)
Fraunhoferstrasse 1, 76131 Karlsruhe

Kurzfassung

Die heutige Diskussion über Eingebettete Systeme (embedded systems) vermittelt den Eindruck, dass damit ein neues Systemparadigma aufgespannt worden sei. Zudem werden Eingebettete Systeme als die Fortentwicklung der Verteilten Systeme vorgestellt. Schließlich sind Software-Agenten als Lösung vieler Probleme im Zusammenhang mit Eingebetteten und Verteilten Systemen im Gespräch. Der nachstehende Beitrag definiert Verteilte Systeme aus Sicht der zu lösenden Aufgaben und ordnet Eingebettete Systeme wie auch Agentensysteme in dieses seit langem bekannte und unverändert gültige Systemparadigma ein.

1. Warum verteilte Echtzeitsysteme?

In unserer Welt finden wir in großer Zahl abgrenzbare, rückgekoppelte Prozesse, die unter Echtzeitbedingungen ablaufen und miteinander gekoppelt sind. Diese Sicht auf Abläufe in der Natur, in der Gesellschaft, in der Technik ist fundamental für das Verständnis der Prozesse selbst und der Strukturen, in denen die Prozesse ablaufen. Dies ist eine abstrakte Systemsicht, in der verteilte Objekte als Systemkomponenten agieren und interagieren mit dem Ziel, eine übergeordnete Aufgabenstellung zu bearbeiten.

Beispiele für eine solche Sicht finden sich in großer Zahl. Uns vertraut sind die technischen Systeme etwa der Produktion, bei denen räumlich bzw. funktional verteilte Systemkomponenten zusammenwirken, primär zur Erzeugung von Produkten, im Weiteren aber auch, um Umweltschutz, die Erfüllung gesetzlicher Auflagen aller Art, Ressourcenschutz und vieles Andere zu bewirken. Wegen der physikalischen Ausdehnung von Produktionsanlagen leuchtet unmittelbar ein, dass die Produktionsprozesse räumlich verteilt sein müssen. Diese Verteilung ist aber keine Frage der Skalierung: Eine über Quadratkilometer ausgedehnte Produktionsanlage ist nicht „mehr" verteilt als die Produktion und Darstellung von Pixeln in verschiedenen Prozessoren auf einer Graphikkarte oder als die Produktion von Messwerten in einem Mikro-Sensorsystem aus primären Sensoren und integrierter Nachverarbeitung.

Eine Untersuchung gesellschaftlicher oder juristischer Systeme auf die Struktur ihrer „Produktionssysteme" führt auf dieselbe Sicht, auch wenn die Art der

„Produkte" eine andere ist. Als Beispiel sei der Gesetzgebungsprozess genannt, der in hoch verteilter Weise zwischen verteilten Instanzen abläuft. Gleiches gilt für administrative Prozesse in der Wirtschaft und beim Staat.

Wir wollen hier den Begriff der Verteilung zunächst durchaus intuitiv benutzen, also vorwiegend im Sinne einer räumlichen Verteilung, aber ohne Angabe von Parametern (z.b. Abmessungen, Dimensionen, Formen) für den jeweiligen Raum. Die so genannte funktionale Verteilung läuft letztlich in unserer physikalischen Welt auf eine räumliche Verteilung von Funktionen hinaus, auch wenn die räumliche Entfernung zwischen der Realisierung von Funktionen auf einem SoC (System on Chip) in Mikro- oder Nanometern gemessen wird.

- Kommunikation, Systemstruktur

Allen Komponenten solcher verteilten Systeme ist gemeinsam, dass sie mit anderen Systemkomponenten kommunizieren. Der Begriff „Kommunikation" ist hier sehr generell zu verstehen: Es handelt sich immer um den Austausch von Materie, Energie oder Information. Das von der NAMUR entwickelte so genannte Phasenmodell für die graphische Darstellung von Systemen [Polke 1993; Buchner 1998] stützt sich auf diesen Kommunikationsbegriff. Es definiert eine Kommunikation zwischen Systemkomponenten durch Energie und Materie, hat bisher allerdings den Informationsaustausch nicht integriert. Hier ist eine neue Richtlinie der GMA [Polke,Schnieder 2003] von Bedeutung, die einen Ansatz für die Integration der Informationsflüsse im Phasenmodell bietet.

Vielfältig gekoppelte Objekte in verteilten Systemen mit sehr unterschiedlichen Aufgaben und Kommunikationsformen legen aus wirtschaftlichen Gründen gemeinsame Kommunikationsplattformen nahe. Wenn auch die Kommunikation zwischen Systemkomponenten grundsätzlich mittels individueller Kommunikationsverbindungen je Kommunikationspfad und kommuniziertem Inhalt realisierbar wäre - und für die „Kommunikation" von Materie auch häufig so realisiert ist (Rohrleitungen, Transportbänder etc.), bieten sich für die Energie bzw. für die Information jeweils gemeinsame Kommunikationsplattformen zwischen Systemkomponenten an. Voraussetzung dazu ist die Existenz standardisierbarer und standardisierter Transportverfahren für Energie, Materie bzw. Information, auf denen entsprechende Transportnetze aufgebaut werden können. Bei z.B. der elektrischen Energie sind dies die Leitungsnetze mit ihren genormten Spannungsebenen; bei der Information sind es Bussysteme oder LAN und deren Vernetzung über graphenförmige Netze mit Transportverfahren (Protokollen) verschiedener Art.

Diese gemeinsame Sicht auf den Transport von Materie, Energie und Information begründet auch die Informationslogistik in Analogie zu den schon sehr viel länger bekannten Methoden und Systemen der Güterlogistik oder Energielogistik [Steusloff 1993; Grabowski,Rude 1999]. Auch für die Informationslogistik gelten die „R"s der Güterlogistik: Information muss zur **R**ichtigen Zeit an der **R**ichtigen Stelle in der **R**ichtigen Form und der **R**ichtigen Qualität zu **R**ichtigen Rahmenbedingungen (z.B. Preis) verfügbar sein. Die Informationslogistik wird sich durch Nutzung von Analogien zur Güter- und Energielogistik in Zukunft auch mit Fragen etwa der Dynamik des Informationstransportes oder der Effizienz der Informationsspeicherung befassen.

- Axiomatische Definition Verteilter Systeme

Aus diesen generellen Eigenschaften Verteilter Systeme wurden verschiedene „Axiome" oder Grundeigenschaften abstrahiert, die ein Verteiltes System ausmachen [NATO 1984]. Demnach ist ein Verteiltes System definiert durch die folgenden Aussagen:

a. Die Architektur Verteilter informationsverarbeitender Systeme umfasst abgrenzbare Einheiten, darunter eine möglicherweise variable Zahl von Verarbeitungseinheiten, auf denen (Rechen-) Prozesse ablaufen.
b. Die Kommunikation zwischen den Prozessen in Verteilten Systemen erfolgt durch Nachrichtenaustausch über eine von allen Einheiten bzw. Prozessen gemeinsam genutzte Kommunikationsinfrastruktur.
c. Die Kommunikation zwischen den Prozessen unterliegt einer von Null verschiedenen und variablen Verzögerung.
d. In einem Verteilten System ist die Existenz von zwei Prozessen mit exakt gleicher Sicht auf ihren gegenseitigen Status oder auf den Status des Gesamtsystems nicht möglich.
e. Es existiert eine systemweite Steuerung für die dynamische (Inter-) Prozesskommunikation und für ein Ablaufmanagement der Prozesse.

Diese Definition Verteilter Systeme ist bis heute unverändert gültig, weil sie die grundsätzlichen strukturellen und physikalischen Eigenschaften Verteilter Systeme beschreibt. Demnach ist z.B. ein vollständig vermaschtes System mit dedizierten Kommunikationsverbindungen von jedem Knoten zu jedem anderen Knoten im Sinne dieser Definition kein Verteiltes System, weil keine gemeinsame Kommunikations-Infrastruktur existiert bzw. genutzt wird. Da bei einem solchen vollständig vermaschten System die Anzahl selbst bidirektionaler Kommunikationsverbindungen quadratisch mit der Zahl der Knoten wächst, ist unmittelbar einsichtig, dass wirtschaftliche Gründe bei komplexen Systemen mit einer großen Zahl von Einheiten eine voll vermaschte Kommunikationsstruktur verbieten.

- Echtzeit, Systemleistung

In [Heger,Steusloff,Syrbe 1997] wurde erstmals ein dort so genanntes Dualitätsprinzip formuliert, welches Verteilte Systeme und Echtzeit verknüpft. Dieses Dualitätsprinzip sagt aus:

Technische Prozesse bestehen aus Teilprozessen, die parallel zueinander ablaufen und miteinander kommunizieren durch Austausch von Materie und/oder Energie. Ein System zur Automatisierung solcher Teilprozesse besteht aus mindestens derselben Anzahl von Rechenprozessen, die mit

den jeweiligen Teilprozessen direkt kommunizieren (Sensoren, Aktoren) und untereinander in derselben Weise vernetzt sind, wie die technischen Teilprozesse.

Dieses Dualitätsprinzip nennt also die Parallelität oder Gleichzeitigkeit der Prozessabläufe und die Vernetzung als wesentliche Eigenschaften von verteilten Echtzeitsystemen. In [Halang,Hommel,Lauber 1996] wird zusätzlich der Begriff der Echtzeit als „Rechtzeitigkeit" definiert. Echtzeit kann also nur in Relation zum Zeitablauf von Prozessen ausgedrückt werden, und der Entwurf von Gesamtsystemen muss die Erfüllbarkeit der Rechtzeitigkeit im technischen System wie im informationsverarbeitenden (z.B. automatisierenden) System sicherstellen.

Verteilte Systeme bieten aufgrund ihrer Parallelität der Prozessausführung die Möglichkeit, ihre Echtzeitfähigkeit durch Addition oder Subtraktion von Komponenten anzupassen bzw. zu optimieren. Hierbei spielt die gemeinsame Kommunikationsinfrastruktur als Integrationsmittel eine herausragende Rolle.

- **Verfügbarkeit, Verlässlichkeit, Sicherheit**

Ebenfalls schon in [Heger,Steusloff,Syrbe 1997] ist herausgestellt, dass Verteilte Systeme eine projektierbare Verfügbarkeit der Systemleistung ermöglichen. Als Entwurfskriterium wird die Redundanz in unterschiedlichen Ausprägungen eingeführt, insbesondere als statische und dynamische – in [Heger,Steusloff,Syrbe 1997] auch „funktionsbeteiligt" genannte – Redundanz. Zur Aktivierung von redundanten Systemkomponenten ist das Auftreten von Fehlerzuständen zu detektieren, wobei je nach Art der Redundanz schon im Systementwurf die Menge der zu detektierenden Fehlerzustände festgelegt werden muss. Verfügbarkeit bedeutet, dass ein System für die bestimmungsgemäßen Aufgaben laut Lastenheft zur Verfügung steht.

Der heute sehr breit diskutierte Begriff der Verlässlichkeit erweitert die Verfügbarkeit im informationstechnischen Sinne um die Dimension der jeweils aktuell aufgabenbezogenen Nutzbarkeit von Ergebnissen aus bzw. in einem System. Ein verlässliches System muss sicherstellen, dass es, aufgabenbezogen, immer korrekte Ergebnisse erzeugt oder darüber informiert, wenn dies nicht der Fall ist. Als Beispiel sei die Ausgabe eines konstanten Messwertes genannt, der einen konstanten Prozesswert vorspiegelt, obwohl der eigentliche Sensor defekt ist und deshalb keine Veränderungen des Prozesswertes erfasst. Verteilte Systeme bieten über ihre Vernetzung die Möglichkeit der gegenseitigen Überwachung von Komponenten, nicht nur für die zur Redundanzaktivierung notwendige Fehlerdetektion, sondern auch für die Verläßlichkeitsprüfung von (Zwischen-)Ergebnissen an Schnittstellen innerhalb des Systems.

Der Begriff der Sicherheit wird immer wieder mit den Begriffen der Verfügbarkeit und der Verlässlichkeit vermischt. Sicherheit bewertet Systemzustände auf ihre Auswirkungen hinsichtlich des Systems selbst und seiner Umwelt einschließlich der dort vorhandenen Menschen. **Sicherheit ist eine Sachlage** (ein Zustand), bei der das durch Eintrittswahrscheinlichkeit und Schadensausmaß beschriebene Risiko nicht größer ist, als das größte noch vertretbare Risiko (das so genannte Grenzrisiko). Verteilte Systeme haben, u.a. aufgrund ihrer projektierbaren Verfügbarkeit, ein besonders hohes Potential, das Ausfallrisiko und damit das Grenzrisiko klein zu halten; dies kann aber auch bei konzentrierten Systemen erreicht werden. Da zudem das Grenzrisiko i.d.R. nicht quantitativ erfassbar ist, wird es indirekt durch sicherheitstechnische Festlegungen beschrieben. Solche Festlegungen sind in verteilten Systemen flexibler realisierbar und, vor allem bei Veränderungen des Grenzrisikos, leichter anpassbar, als bei konzentrierten Systemen.

- **Komplexität, Planung, Entwurf**

Die Komplexität technisch-gesellschaftlicher Systeme bedarf heute zu ihrer Bewältigung der Kooperation von Menschen und Organisationen. Kooperation aber bedeutet das Zusammenwirken von Instanzen zur Erreichung gemeinschaftlicher Ziele und begründet damit die Etablierung Verteilter Systeme. Die Bewältigung von hoher Systemkomplexität gelingt nur durch die Verteilung von Prozessen auf viele kommunikationsfähige Prozessoren (einschließlich des Menschen in dieser Rolle). Ein Maß für Komplexität ist die Anzahl der für die Zielerreichung notwendigen Prozesse und deren Kommunikationsbeziehungen.

Planung und Entwurf von Verteilten Systemen bedeutet die Definition von Zielen (Lastenheft) und die Aufgliederung in die für die Zielerreichung notwendigen Objekte und kommunizierenden Prozesse (Entwurf). Erst aus diesem Prozessentwurf (siehe auch o.g. Phasenmodell) heraus kann die Lösungsstruktur abgeleitet werden, die bis in die 1980er Jahre hinein auf zentrale Rechner abgebildet wurde, für die aber heute Verteilte Systeme als wesentlich effektiveres und effizienteres Lösungsparadigma zur Verfügung stehen.

Dieser Entwurfsprozess muss zum einen für den entwerfenden Menschen überschaubar und handhabbar bleiben, muss aber gleichzeitig so formalisiert werden, dass er – zumindest als Ziel – eine nachweisbar korrekte Abbildung des Lastenheftes auf eine Systemlösung leisten kann. Wir sind auch heute von diesem Ziel noch deutlich entfernt, verfügen aber über Konzepte und Methoden aus der Informatik, die den Weg dahin vorzeichnen. Dazu gehört ab den 1970er Jahren die Einbeziehung des Prozessparadigmas in die Programmiersprachen.

Eine der ersten Programmiersysteme mit einem ausgereiften Prozesskonzept war PEARL [PEARL]. Es folgte in den 1980er Jahren die Wiederbelebung des schon lange bekannten Objektkonzeptes einschließlich der Kommunikation zwischen Objekten, das in ersten Ausprägungen auch schon in PEARL vorhanden ist. Dennoch bleibt dem Systementwickler immer noch die Aufgabe, die Prozesse und deren Kommunikation wie auch deren Verteilung [Steusloff 1977; DIN 66253-3 1988] weitgehend selbst zu definieren und zu formulieren.

Heute sind die Software-Agenten als weiter entwickelte Objekte mit Eigenschaften wie Autonomie, Intelligenz, Mobilität im Gespräch. Ziel der Agententechnologie ist die dynamische, situationsbezogene und autonome Aufgabenbearbeitung anstelle einer durch den Systementwickler vollständig vorgedachten, programmierten Vorgehensweise. Agenten können Kooperationspartner sein und dabei ein Verteiltes System bilden, das für die Lösung aktueller Problemstellungen entsteht und nach deren Lösung wieder verschwindet.

Dennoch gelten alle o.g. Eigenschaften Verteilter Systeme auch für Agentennetze, weil auch diese ihre Leistung mittels verteilter, kommunizierender Prozesse erbringen und dabei eine gemeinsame Plattform nutzen. Die heute so genannten Agentenplattformen (z.B. der Klassiker „GRASSHOPPER" [Butte 2002]) gehen über die reine Interprozesskommunikation hinaus, indem sie zusätzlich eine Dienstevermittlung und -kooperation unterstützen. Dienste sind applikationsbezogene Funktionen, an denen je nach Komplexität mehrere Agenten mit ihren Prozessen beteiligt sind, wobei die Diensteplattform das Angebot und die Nachfrage nach solchen, durch Agenten implementierten Funktionen verwaltet. Auch Diensteplattformen können wiederum vernetzt sein und damit Verteilte Systeme bilden. Es ist der Vorteil der axiomatischen Definition Verteilter Systeme, dass sie, wie auch das Objektparadigma, die hierarchische Vergröberung oder Verfeinerung und damit die Unterteilung oder Zusammenfassung von Systemen in Subsysteme oder Hypersysteme zulässt.

2. Was sind Eingebettete Systeme?

Sucht man in der Literatur nach einer Definition Eingebetteter Systeme, trifft man auf beispielhafte Systemeigenschaften, wie „integrierte mikroelektronische Steuerungen" oder „informationsverarbeitende Systeme ohne Tastatur und Monitor = eingebettete informationsverarbeitende Systeme (EIS)". Zum anderen findet man beispielhafte Anwendungsfälle vom Toaster bis hin zu sicherheitskritischen Teilsystemen im Automobil. Eine weitere Aussage spricht die heute mögliche „Informatisierung" von technischen Systemen durch die Eingebetteten Systeme an. Auch findet sich eine Unterteilung von Systemen in tranformationale, interaktive und reaktive, wobei die Eingebetteten Systeme zu den reaktiven Systemen gezählt werden; sind aber interaktive Steuerungssysteme mit Sprachein- und -ausgabe (also ohne Monitor und Tastatur) keine Eingebetteten Systeme?

Die Abstraktion aus [Kästner,Rieder 2002]: „Embedded Systems are embedded in a physical environment and interact with it for measuring or controlling purposes" hat zwar ebenfalls eine begrenzte Reichweite; ist denn ein System, das lediglich empfangene Information für den Menschen darstellt (z.B. ein Fahrplanmonitor in einem Schienenfahrzeug) kein eingebettetes System? Dennoch wird hier erfolgreich von den Eigenschaften einzelner Anwendungsszenarien abstrahiert.

Wenn wir die „axiomatische" Definition Verteilter Systeme aus Kapitel 1. den eben zitierten Definitionen Eingebetteter Systeme gegenüberhalten, wird deutlich, dass diese unverändert auch für Eingebettete Systeme gilt! Als Unterschied fällt auf, dass bei Eingebetteten Systemen der Ausgangspunkt der Betrachtung häufig die

Technologie der informationsverarbeitenden Systeme ist, während bei Verteilten Systemen eher die Anforderungen und die Struktur der zu lösenden Aufgabe im Vordergrund steht. Verbindet man beide Sichten, könnte die folgende Definition Eingebetteter Systeme nützlich sein:

Eingebettete Systeme sind informationsverarbeitende Systeme, die
- unter Nutzung informationstechnologischer Mittel
- in ihre Anwendungsumgebungen physisch integriert und
- deren Eigenschaften durch diese Anwendungsumgebungen bestimmt sind.

Diese Definition fokussiert den Begriff der Eingebetteten Systeme auf die Informationsverarbeitung und sagt aus, dass Eingebettete Systeme eine Technologieausprägung sind, die je nach Anwendungsgebiet unterschiedliche physische Gestalt annehmen kann. Wesentliche Voraussetzungen dazu sind die Fortschritte der Mikrotechnik (Elektronik und Mechanik) einschließlich der Robustheit mikrotechnischer Komponenten. Solche Komponenten müssen und können heute unter rauen Umgebungsbedingungen ohne spezifische Wartung, auch bei stark instabiler Energieversorgung, zuverlässig und langfristig ihre Aufgaben erfüllen.

Diese Definition postuliert ein umfassendes Verständnis des Begriffes „informationsverarbeitend". Wenn wir Information über die klassische, syntaxorientierte Definition nach Shannon/Weaver hinaus als die Voraussetzung für Wissensvermehrung verstehen, ist Informationsverarbeitung mit jeglicher Bearbeitung von Aufgaben verbunden, für die Wissen notwendig ist und die Wissen erzeugen. Dies gilt für die Abarbeitung von Regelungsalgorithmen oder die Gewinnung von Messwerten in gleicher Weise, wie für die Bearbeitung von Texten oder das Führen eines Inventars [Steusloff 2001].

Die physische Integration in die Anwendungsumgebung hat Implikationen: Der Zugang zu den Schnittstellen Eingebetteter Systemkomponenten ist häufig nur indirekt möglich und eine Bedienung (etwa Software-Updates oder Parameteranpassungen) muss hinsichtlich Notwendigkeit, Durchführbarkeit und Kosten vorausgeplant werden.

Bei den vielfältigen Anwendungen solcher Eingebetteter Systeme oder Teilsysteme liegt es nahe, sie in Verteilte Systeme zu integrieren. Viel zitiertes Beispiel ist das heutige Automobil, in dem schon jetzt und weiter zunehmend Managementaufgaben aller Art (z.B. für Motor, Fahrwerk, Beleuchtung, Sicherheit, ...) durch Verteilte Systeme im Sinne der Definition aus Kapitel 1. erbracht werden.. Die gemeinsame Kommunikationsinfrastruktur besteht aus einem oder mehreren CAN-Bussen, ergänzt durch Funkverbindungen zu Navigationssystemen oder Informationsbaken. Ohne Zweifel müssen diese Systeme Echtzeitbedingungen erfüllen.

3.   Applikationstrends

Eingebettete Systeme sind die heute viel zitierte Lösungsvision für viele Anwendungsprobleme in der Automatisierungstechnik, der Fahrzeugtechnik, der Medizintechnik oder der Konsumgütertechnik. Im Einzelnen geht es um die Einbettung von Sensorik, mikrosystemtechnischen Komponenten und informationstechnischen Lösungen für Aufgaben der Funktionsqualität (Regelung, Überwachung, Robustheit, Wirtschaftlichkeit), der Mensch-System-Interaktion und der Funktionssicherheit. Wir nehmen es heute als selbstverständlich hin, dass in einem durchschnittlich mit Konsumgütern ausgerüsteten Haushalt an die hundert eingebettete informationstechnische Systeme arbeiten.

Der Trend geht hin zur Integration solcher Eingebetteter Systeme in Verteilte Systeme mit übergeordneten Zielen und Aufgaben. Die Gesamtoptimierung des Energieverbrauches eines Hauses erfordert die Kooperation von verschiedenen, mit eingebetteter Informationstechnik ausgestatteten Subsystemen. Die Bewältigung von Großereignissen oder Katastrophen wird in Zukunft die Kooperation von vielfältig eingebetteter Sensorik (auch bei beteiligten Menschen!), mobiler Aktorik (Roboter), regionalen und überregionalen Entscheidungs-Unterstützungssystemen und nicht zuletzt Menschen mit unterschiedlichen Aufgaben, Rollen und Wissen erfordern. Wieder geht es um den dynamischen Aufbau und das Management von umfangreichen Verteilten Systemen, in die Eingebettete Systeme integriert sein werden.

Eingebettete Systeme und Verteilte Systeme sind somit zwei sich ergänzende Systemkonzepte, deren Zusammenwirken die Qualität und den Umfang von gezielter Information für die jeweils optimierte Anwendung mit hoher Verlässlichkeit sicherstellen wird. Während das Konzept der Verteilten Systeme als aus der Anwendung abgeleitetem Konzept unabhängig ist von der Entwicklung der Informationstechnologie, sind die Eingebetteten Systeme Ergebnisse dieser Technologie. Es lohnt sich daher, einen Blick auf die zu erwartenden Technologieentwicklungen zu werfen.

4.   Technologietrends

Eingebettete Systeme werden in ihrer Leistung und in ihrer Integrationsfähigkeit durch die Weiterentwicklung der Mikroelektronik und der Mikrosystemtechnik schnell weitere und neue Anwendungsfelder erobern. Eine der Schlüsseltechnologien dazu ist die SoC – Technologie, die derzeit schnelle Fortschritte macht. SoC (System on Chip) bedeutet die Anwendung des Konzeptes der Verteilten Systeme für Systeme auf einem Chip, indem eine konfigurierbare Zahl von Prozessoren mit konfigurierbarem Befehlssatz und konfigurierbarer Kommunikation für hohe Parallelität und damit hohe Verarbeitungsleistung (für zeit- und sicherheitskritische Echtzeitaufgaben) sorgen [Rowen 2003]. Da die SoC-Technologie gleichzeitig die Integration verschiedener Halbleitertechnologien (digital und analog, Silizium und

III/V-Verbindungen) vorantreibt, bedeutet SoC eine hoch flexible Technologiebasis für Eingebettete Systeme.

Weitere Schübe bei den Eingebetteten Systemen wird die Mikrosystemtechnik auslösen [Völklein,Friedemann 2002]. Hier sind neben den Technologien zur Realisierung von Komponenten auch Fertigungsfragen anzugehen, etwa diejenigen des Qualitätswesens in der Produktion (Prüfverfahren, Normale).

Verteilte Systeme werden durch den Ausbau lokal, regional und global angelegter Kommunikationsplattformen immer leistungsfähiger. Manche Fragen der Verlässlichkeit und Sicherheit dieser Kommunikationsplattformen sind noch ungelöst, werden aber nicht zuletzt über die internationale Standardisierung als Stimulator intensiv vorangetrieben..

- Softwaretechnik

Der Entwurf, die Realisierung und die Pflege Verteilter, Eingebetteter Systeme sind derzeit die größte Herausforderung und eine grundlegende Entwicklungsproblematik dieser Art von Systemen. Bei der SoC-Technologie etwa müssen Anwendungs- und Chipentwurf integriert werden. Dazu werden heute neue Entwurfsmethoden entwickelt, die auf einem Chip verteilte universelle Prozessoren in ihrem Befehlssatz und in ihrer „Verdrahtung" durch Entwurfswerkzeuge so programmierbar machen, dass aus universellen Hardwarebausteinen spezifische Applikationsbausteine entstehen [Rowen 2003]. Dazu erwartet man SoC-Designs, die je Chip bis zum Jahre 2015 mehrere Tausend Prozessoren enthalten bei einer Gesamtverarbeitungsleistung je Chip von ca. 10 Trillionen Operationen pro Sekunde. Damit ist das Verteilte System auf einem Chip Realität!

Bei Verteilten Systemen ist, unabhängig von ihrer physikalischen Erscheinungsform, die Kooperation von Instanzen zu organisieren, die dynamisch das Gesamtsystem betreten und wieder verlassen. Dazu ist die globale Beschreibung der Aufgaben und Ziele erforderlich, die ein solches Verteiltes System bearbeiten bzw. erreichen soll.

In beiden Gebieten stehen wir vor ungelösten Skalierungsproblemen. Die heute bekannten Methoden der Organisation von Diensten (Bild 1) innerhalb von dynamischen Systemen sind für Systeme mit nur wenigen (z.B. einigen zehn) Systemkomponenten erprobt [Kehr 2000]. Die Nutzbarkeit der zugrunde liegenden Methoden bei vielen tausend Systemkomponenten (Szenarium „Katastrophen-management") ist nicht bekannt.

Der heute immer wieder beschworene Einsatz von sich selbst organisierenden Software-Agenten darf nicht darüber hinwegtäuschen, dass auch solche Agenten Software-Komponenten sind, deren Funktionen und Verhalten vom Menschen vorgedacht werden muss. Die Umsetzung eines Lastenheftes für eine sicherheitskritische Anwendung mittels eines Verteilten Agentensystems muss so geschehen, dass das Verhalten des Agentensystems in allen denkbaren Zuständen des Gesamtsystems verifizierbar ist.

	JINI (SUN)	SLP (IETF)	UPnP (HP/MS)	Bluetooth
S-Announcem.	Multicast	-----	Multicast	-----
S-Registration	Multicast + Callback	Authenticated Multicast	Multi-/Unicast	Local (Piconet)
S-Type	JAVA	STRING	STRING	UUID
S-Description	JAVA-Obj.	Attrib./Values	XML-Instance	Attrib./Values
Client-Comm.	Multicast + Callback	Multi-/Unicast	Multicast	Specific
Client-Request	JAVA-Obj.	Boolean Expr.	STRING	UUID
Decentralized	NO	POSSIBLE	POSSIBLE	ONLY
Security (Use)	-----	s.a.	-----	-----

Source: R. Kehr, Darmstadt

Bild 1: Einige Methoden der Selbstorganisation verteilter Systeme

Da wir heute weder über beweisbare Lastenhefte (beweisbare Semantik) noch über die Beweisbarkeit hoch komplexer Softwaresysteme verfügen, kann der Ausweg nur „divide et impera" lauten: Verteilte Systeme ermöglichen die Kooperation von Systemkomponenten überschaubarer Komplexität und im günstigen Fall vollständiger formaler Überprüfbarkeit. Wir haben aus heutiger Sicht keine andere Chance, selbst wenn wir wissen, dass die erfolgreiche Verifikation von einzelnen Systemkomponenten keineswegs einen sicheren Schluss auf das Verhalten des Gesamtsystems ermöglicht.

Von ebenso grundlegender Bedeutung ist die Schaffung von aufgaben- oder problembeschreibenden Sprachen, deren Aussagen durch Übersetzungssysteme weitgehend automatisch in Ablaufsysteme überführt werden (Bild 2). Während die klassischen Programmiersprachen einschließlich PEARL zur expliziten Formulierung von Aufgabenlösungen geschaffen wurden, ist dies bei den vorstehend skizzierten hoch verteilten und sich dynamisch selbst organisierenden Systemen für den menschlichen Programmierer zunehmend unmöglich. Es geht um das bekannte aber nicht gelöste Problem formal abgefasster Lastenhefte, die automatisch in eine rechnergestützte Lösung umgewandelt werden.

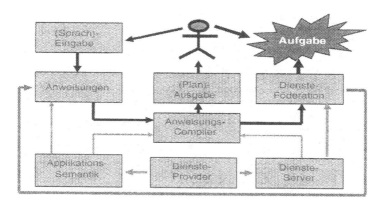

Bild 2: Aufgabendekomposition und Dienstenutzung

Dazu muss die Informatik weitere Fortschritte der formalen Semantik beisteuern, um die notwendige Formalisierung der Aufgabenbeschreibung mit der ebenso notwendigen Les- und Nachvollziehbarkeit durch den zukünftigen Systembetreiber zu verknüpfen. Der Weg dahin ist durch die Forschungsrichtung der formalen Semantik (u.a. Semantic Web [Joshua 2001]) vorgezeichnet.

5.   Fazit

Die Anforderungen an informationsverarbeitende Systeme sind schon heute und weiter zunehmend nur noch durch das Konzept und die Methodik der Verteilten Systeme zu erfüllen. Diese Schlussfolgerung wird gestützt durch die Tatsache, dass solche Verteilten informationsverarbeitenden Systeme das Abbild der natürlichen Strukturen und Ablaufmechanismen auf unserem Globus darstellen. In so fern sind Verteilte Systeme ein seit langem bekanntes aber unverändert aktuelles Systemparadigma, dessen Umsetzung in reale Systeme durch den Fortschritt der informationstechnischen Technologien wirkungsvoll unterstützt wird.

In diesem Sinne stellen Eingebettete Systeme eine weitere technologische Basis für die Realisierung Verteilter Systeme dar. Damit ist der Schluss, alle Eingebetteten Systeme seien auch Verteilte Systeme, oder die Feststellung, Eingebettete Systeme seien die Nachfolger der Verteilten Systeme, nicht zulässig. Technologien mögen die Realisierung von aus den Aufgabenstellungen abgeleiteten Systemkonzepten mehr oder weniger effizient unterstützen. Die Technologie der Eingebetteten Systeme bietet sicher ein großes Potential für die Realisierung Verteilter Systeme.

6.   Literatur

Allen, J.: Making a Semantic Web; February 11, 2001, joshuaa@microsoft.com

Buchner, H., Lauber, M., Wulfhorst, B.:Phasenmodell der Produktion als Weg zur Lösung textiltechnischer Aufgaben am Beispiel OE-Rotorspinnerei. Loy, W. (Hrsg.): Taschenbuch für die Textilindustrie 1998, Fachverlag Schiele & Schön, Berlin 1998, S. 173-185

Butte, T.: Technologies for the Development of Agent-based Distributed Applications. ACM Crossroads, März 2002

DIN 66253, Teil 2, PEARL 90, 1998 Beuth – Verlag Berlin

DIN 66253, Teil 3, Mehrrechner PEARL, 1988; Beuth-Verlag, Berlin

Grabowski, H.; Rude, S.: Informationslogistik, Rechnerunterstützte unternehmensübergreifende Kooperation Verlag B.G. Teubner Stuttgart 1999

Halang, W.A., Hommel, G. und Lauber, R.: Echtzeit, Seiten 94 - 98 in R. Wilhelm (Hrsg.): Informatik: Grundlagen - Anwendungen - Perspektiven. München: C.H. Beck 1996

Heger, D., Steusloff, H., Syrbe, M.: Echtzeitrechnersystem mit verteilten Mikroprozessoren. BMFT-Forschungsbericht DV 79-01, 1979

Kästner, D., Rieder, H.: Embedded Systems; Vorlesung 2002/2003, Universität des Saarlandes, Fakultät für Informatik, http://rw4.cs.uni-sb.de/~kaestner/#Teaching

Kehr, R.: Spontane Vernetzung: Infrastrukturkonzepte fuer die Post-PC-Ära. Informatik Spektrum Band 23, Heft 3 Juni 2000, S. 161-172

NATO Panel III / RSG.14, Report on Distributed System Design Methodology, 1984

PEARL-Normen: DIN 66253, Teil 1, Basic PEARL, 1981; DIN 66253, Teil 2, Full PEARL, 1982;

Polke, M.: Erforderliche Informationsstrukturen für die Qualitätssicherung. Chem.Ing.Tech. 65, 7, S.791-796; sowie: NAMUR-Statusbericht 1993.

Polke, B. , Rheinische Fachhochschule Köln, und Eckehard Schnieder, Technische Universität Braunschweig:Formalisierte Prozessbeschreibungen – Entwurf der Richtlinie VDI/VDE 3682 und deren Anwendung atp - Automatisierungstechnische Praxis 8/2003

Rowen, Ch.: Das Gesetz der SoC-Prozessorskalierung. Design & Verification, Juni/Juli 2003, www.publish-industry.net

Steusloff, H.: Informationslogistik in der industriellen Produktion Vortrag Freundeskreis des Lehrstuhls für Prozeßleittechnik der RWTH Aachen e.V.". am 15.3.1993

Steusloff, H.: Zur Programmierung von räumlich verteilten, dezentralen Prozessrechnersystemen, Diss. Univ. Karlsruhe, Fakultät für Informatik, 1977

Steusloff, H.: Automation und Information. Wissenschaftliches Kolloquium „Hochschule Harz-Innovationsmotor der Region", Jubiläumsfeier 10 Jahre Hochschule Harz, 12.10.2001

Völklein, F.: Einführung in die Mikrosystemtechnik. Vieweg 2000, ISBN: 3-528-03891-8

An PEARL orientierte Spezifikation verteilter eingebetteter Systeme mit UML-Stereotypen

Shourong Lu

Fachbereich Elektrotechnik und Informationstechnik
FernUniversität in Hagen
58084 Hagen
Shourong.Lu@FernUni-Hagen.de

Zusammenfassung Ein Profil wird präsentiert, das zur graphischen Modellierung und Spezifikation verteilter, eingebetteter Echtzeitsysteme die von Mehrrechner-PEARL her bekannten Konzepte in UML bereitstellt. Dazu werden die Erweiterungsmechanismen von UML benutzt und an PEARL angelehnte Stereotypen auf der Grundlage der Konzepte Kapsel, Port und Protokoll definiert. Abschließend wird der praktische Einsatz dieser Stereotypen am Beispiel der Spezifikation eines verteilten automobilelektronischen Bordsystems vorgestellt.

1 Einleitung

In den letzten Jahren hat sich die Spezifikationssprache UML [6] als Standard für den objektorientierten Entwurf herauskristallisiert. Die Sprache wird intensiv zur Entwicklung komplexer Informationssysteme eingesetzt und von den meisten objektorientierten Modellierungswerkzeugen unterstützt. Zwar beinhaltet UML ein großes Spektrum verschiedener Diagrammtypen und Erweiterungsmechanismen, mit denen Zielsysteme visuell modelliert werden können, jedoch fehlen den spezifischen Bedürfnissen verteilter Echtzeitumgebungen angemessene Konstrukte. Deshalb gibt es eine Reihe von Ansätzen wie z.B. UML-RT [8], UML entsprechend zu erweitern. Alle diese Ansätze kranken jedoch daran, daß ihnen ein nur unzureichendes Verständnis der Anforderungen und Merkmale des Echtzeitbetriebes zugrundeliegt.

Im Gegensatz dazu bauen die Definitionen der verschiedenen Versionen der höheren Echtzeitprogrammiersprache PEARL gerade auf einem vertieften Verständnis dieser Charakteristika auf, was die konzeptionelle Stärke der Sprache ausmacht. Schon vor zehn Jahren wurde gezeigt [4], daß sich eine erweiterte Teilmenge von PEARL wegen der Orientierung der Grundsprache an den Anforderungen der Automatisierungstechnik und der Begriffswelt von Ingenieuren sowie ihrer leichten Lesbarkeit und Verständlichkeit hervorragend zur Spezifikation von Echtzeitanwendungen eignet. Dies gilt umso mehr für das bereits 1989 normierte Mehrrechner-PEARL [2], das eigentlich „PEARL für verteilte Echtzeitsysteme" heißen sollte, weil es sogar eher eine Spezifikations- als eine Programmiersprache ist; denn neben nur wenigen ausführbaren Sprachkonstrukten

im klassischen Sinne enthält es Sprachmittel zum Ausdruck aller Funktionen, die
für die Spezifikation des Verhaltens verteilter, eingebetteter Systeme erforderlich
sind:

- Beschreibung des gerätetechnischen Aufbaus,
- Beschreibung der Software-Konfiguration,
- Spezifikation der Kommunikation und ihrer Eigenschaften (Peripherie- und
  Prozeßanschlüsse, physikalische und logische Verbindungen, Übertragungs-
  protokolle) sowie
- Angabe der Bedingungen und der Art der Durchführung dynamischer Re-
  konfigurierungen im Fehlerfalle.

Auch wenn sich Mehrrechner-PEARL nicht hat durchsetzen können, liegt es
doch nahe, das darin enthaltene umfassende Wissen und die von keinem anderen Ansatz erreichten klaren Konzepte zur Erweiterung von UML im Hinblick
auf verteilte Echtzeitsysteme zu nutzen, anstatt das Rad neu zu erfinden. Dies
werden wir durch Definition geeigneter UML-Stereotypen tun. Dazu beginnen
wir im nächsten Abschnitt mit der Beschreibung der Konzepte Kapsel, Port,
Verbindung und Protokoll, erweitern dann UML um an Mehrrechner-PEARL
orientierte Konzepte und zeigen schließlich deren Anwendbarkeit am Beispiel
der Spezifikation eines verteilten automobilelektronischen Bordsystems.

2 Erweiterungen von UML zur Abbildung von Mehrrechner-PEARL

UML ist in die vier Schichten Benutzerobjekte, Modell, Metamodell und Meta-
Metamodell gegliedert. Ohne die Notwendigkeit zur Änderung des Metamodells
erlaubt der in UML vorgesehene Erweiterungsmechanismus der Stereotypen,
Modellelemente auf bestimmte Anwendungsgebiete hin maßzuschneidern. Mit
Stereotypen können bestehende Modellierungselemente erweitert oder angepaßt,
aber auch völlig neue, anwendungsspezifische Elemente geschaffen werden. Da
die möglichen Modifikationen von geringfügigen Änderungen der Notation bis
hin zur Neudefinition der gesamten Grundsprache reichen, stellen Stereotypen
ein sehr mächtiges Ausdrucksmittel dar. Mit etikettierten Werten können Elemente mit neuen Attributen versehen werden, um damit ihre Bedeutung zu
verändern. Etikettierte Werte werden oft mit Stereotypen assoziiert, um von speziellen Anwendungen benötigte zusätzliche Information zu spezifizieren. Schließlich wird das Konstrukt Einschränkung in Modellelementen dazu verwendet,
Semantikspezifikationen oder Bedingungen anzugeben, die für diese Elemente
immer erfüllt sein müssen [6]. Von diesen drei Mechanismen werden wir nun
Gebrauch machen, um ein UML-Profil zu definieren, das die wesentlichen semantischen Konzepte von Mehrrechner-PEARL abbildet, um so das Verhalten
verteilter, eingebetteter Echtzeitsysteme genau beschreiben zu können. Dabei
werden wir Stereotypen unter Verwendung der Konzepte Kapsel, Port, Verbindung und Protokoll aufbauen, die zunächst kurz beschrieben werden sollen. Sie
wurden zuerst in der Methode Real-time Object Oriented Modeling (ROOM)
[7] eingeführt und dann in UML-RT integriert.

2.1 Kapseln, Ports, Verbindungen und Protokolle

Kapseln modellieren komplexe, möglicherweise nebenläufige und räumlich verteilte Software-Komponenten. Die interne Struktur der Komponenten wird
durch Teilkapseln und die Verbindungen zwischen ihnen beschrieben. Eine
Komponente interagiert mit ihrer Umgebung und mit den Teilkapseln über
eine Anzahl von Ports, die die einzigen zu anderen Objekten hin sichtbaren
Teile der Komponenten sind. Kapseln können hierarchisch strukturiert sein
und Teilkapseln enthalten.

Ports sind einer Komponente zugeordnete Interaktionspunkte (Schnittstellen),
über die sie mit der Umgebung und den Teilkapseln kommunizieren kann.
Üblicherweise haben Ports einen Typ. Eine an einen Port gesendete Nachricht kann direkt von der Kapsel bearbeitet oder aber an eine geeignete
Teilkapsel weitergeleitet werden. Ports werden oft mit Protokollen versehen,
die die hindurchgehenden Datenflüsse steuern.

Verbindungen werden zur Modellierung von Kommunikationskanälen benutzt,
die die Medien zur Unterstützung gewisser Übertragungsprotokolle zwischen
zwei oder mehr Ports bereitstellen.

Protokolle werden zur Spezifizierung der Interaktionen verwendet, die über
eine Verbindungsstelle ablaufen können. Solche Spezifikationen beschreiben
gewünschtes Verhalten, können aber auch gültige Signalfolgen angeben.

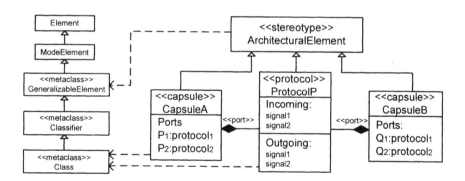

Abbildung 1. Deklaration einer Stereotypenkapsel mit den Objekten Port und Protokoll

Abbildung 1 zeigt ein Metaklassen und Stereotypen enthaltendes Klassendiagramm, das die Grundideen von Kapsel, Port und Protokoll darstellt. Im
Metamodell steht die Metaklasse „Element" an der Spitze der Metaklassen-
hierarchie. Eine ihrer beiden Unterklassen ist „ModelElement", eine benannte
Einheit in einem Modell, die in UML die Basis für alle Modellierungsmetaklassen darstellt. Alle anderen Modellierungsmetaklassen sind entweder direkte oder
indirekte Unterklassen von „ModelElement". Ein „GeneralizableElement" ist eine abstrakte Metaklasse und ein verallgemeinerbares Modellelement, das auch

eine Verallgemeinerung eines anderen „GeneralizeableElement" sein kann. Die Metaklasse „Class" ist eine Unterklasse von „Classifier" und diese wiederum ein Kind von „GeneralizeableElement". Von letzterer ist „ArchitecturalElement" ein Stereotyp. Kapsel, Protokoll und Port sind ihrerseits Stereotypen von „ArchitecturalElement und gehören der Modellschicht an. Sie zeigen eine Klasse an, die zur Modellierung der Strukturkomponenten von Architekturspezifikationen verwendet wird. Kapseln können nur mit anderen Kapseln über Ports mit in einem Protokoll vordefinierten Signalen kommunizieren.

2.2 Ein UML-Profil für Mehrrechner-PEARL

In Abbildung 2 ist die Beziehung zwischen dem zu definierenden und an Mehrrechner-PEARL orientierten Profil und dem standardmäßigen Metamodell von UML gezeigt. Das PEARL-Profil ist duch ein UML-Paket dargestellt, das die die PEARL-Konstrukte abbildenden Elemente beschreibt. Das PEARL-Profilpaket hängt von dem Verhaltenselement „Foundation" und den Modellverwaltungspaketen ab, da es die Notationen von PEARL definieren und einige Stereotypen generieren muß.

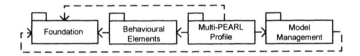

Abbildung 2. Abhängigkeiten zwischen dem an PEARL orientierten Profil und dem Metamodell von UML

Mehrrechner-PEARL umfaßt Sprachmittel zur Beschreibung der Hardware- und Software-Konfiguration. Eine textuelle Systemarchitekturbeschreibung besteht aus Stations-, Konfigurations-, Netz- und Systemteil, in denen verschiedene, miteinander verbundene Systementwurfsschichten spezifiziert werden. Abbildung 3 zeigt ein Metamodell in Form eines UML-Klassendiagramms, das den Inhalt des PEARL-Profilpaketes einführt. Dieses Architekturmetamodell stellt eine Architekturbeschreibung von PEARL dar. Es ist ein stereotypisiertes Modell, das „ModelElement" als Basisklasse verwendet und eine Systemarchitektur als eine Menge von Knoten beschreibt. Das Modell enthält die Stereotypen „Station", „Configuration", „System" und „Net".

2.3 Stationsteil

Im Stationsteil werden die Verarbeitungsknoten eines Systems eingeführt. Sie werden als schwarze Kästen mit Verbindungen für den Datenaustausch behandelt. Ein System kann mehrere, eindeutig identifizierte und für Rekonfigurierungszwecke mit entsprechenden Zustandsinformationen versehene Stationen

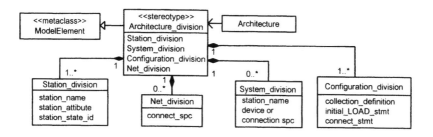

Abbildung 3. Klassendiagramn des an PEARL orientierten Profils

umfassen. Die Grundkomponenten einer Station sind Prozessortypen, Arbeitsspeicher und Geräte. Abbildung 4 zeigt das Klassenstrukturdiagramm einer Station und Stereotypen in einer Kapsel. Station ist als Stereotyp definiert, in dem Komponenten und Stationszustand die wesentlichen Modellierungselemente ausmachen. Eine Komponente stellt Recheneinheiten und Datenspeicher mit mehrfachen Schnittstellen genannt Verbindungen dar, die die Interaktion der Komponente mit anderen spezifiziert. Als Stereotyp von Kapsel enthält Station auch alle deren Eigenschaften und verwendet mithin Ports zur Kommunikation mit anderen Stationen. Jede Schnittstelle definiert einen Interaktionspunkt zwischen der Komponente und ihrer Umgebung. Im in Abbildung 4 gezeigten Beispiel hat Station A die Unterstation B, beide haben die miteinander verbundenen Ports p1 and p2 zur lokalen Kommunikation innerhalb der Station A, die mit Station C über die öffentlichen Ports p2 und p3 verbunden ist.

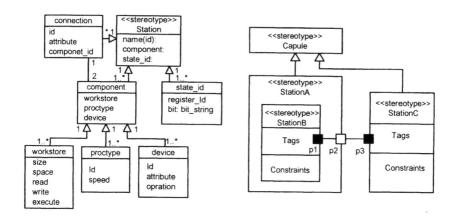

Abbildung 4. Strukturdiagramm mit Stereotyp für das Konstrukt Station

2.4 Konfigurationsteil

Mehrrechner-PEARL kennt auch den Konfigurationsteil, in dem ausführbare Anweisungen zum Laden und Entfernen von Collections sowie zum Auf- und Abbau logischer Kommunikationspfade angegeben werden. Programme sind als zu Collections gruppierte Module strukturiert, die im Rahmen der Konfiguration entweder statisch oder dynamisch Systemknoten zugewiesen werden. Weiterhin stellen Collections die Elemente der dynamischen Rekonfiguration dar. Collections kommunizieren untereinander allein durch Nachrichtenaustausch auf der Basis des Portkonzepts. Zu einem Port gesendete oder von dort empfangene Nachrichten sind nur lokal in der eigenen Collection bekannt. Die wesentlichen Elemente in Collections sind Module und Ports, über die alle Interaktionen abgewickelt werden. Abbildung 5 zeigt das Strukturklassendiagramm der Konfiguration mit einer Anzahl Stereotypen wie „Collection", „Port", „Task", „Connect" und „Reconfiguration". Aus Platzgründen definieren wir hier in Abbildung 6 allein den Stereotypen „Collection" im Rahmen der Grundsprache. Wenn dieser einer Klasse zugewiesen wird, müssen noch eine Identifikation und eine Rolle spezifiziert werden.

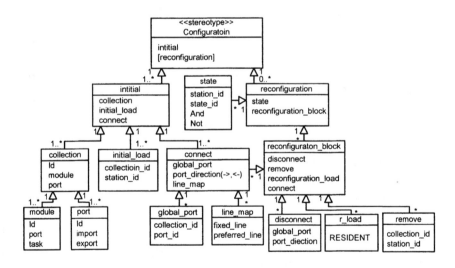

Abbildung 5. Klassendiagramm der Konfigurationsstruktur

2.5 Protokoll und Port

Mehrrechner-PEARL wickelt die Kommunikation zwischen Collections in Form von Port-zu-Port-Nachrichtenübertragung ab, wodurch sich die direkte Referenzierung von Kommunikationsobjekten in anderen Collections erübrigt und die Kommunikationsstruktur von der Logik der Nachrichtenübertragung entkoppelt

```
Stereotype  CollectionStereotype {        /* Name of the stereotype */
    host Capsule;      /* Capsule can be stereotyped by this stereotype */
    properties {       /* Declaration of the syntactic properties */
        String    id;
        [ 'MODULE_enumeration', 'PORT_enumeration'] role;
    }
    restrictions{      /* Restrictions for stereotype */
      ( ( role = `MODULE_enumeration' ) implies
                        /* MODULE_enumeration must have an identifier */
                (exists M  in self.operations |
                    M = id_Task )      /* To activate adaption module*/
      )
      ( role = 'PORT_enumeration' ) implies
                (exists I , O in self.operations |
                        (I = 'Import') and (O = 'Outport') )
      )
    and (self.subject -> notEmpty )  /* There must be a subject for this Collection*/
    and (exists c in self.subject |     /* This means an associated Class */
        exists C in c.stereotypes |  /* with a matching stereotype */
            (C = Collection) and (C.role = 'state') and (C.id = id) )
    } }
```

Abbildung 6. Stereotyp entsprechend der Collection in PEARL

wird. Als Übertragungsprotokolle sind Senden mit und ohne Empfangsbestätigung und mit Antwort vorgesehen, die beiden letzteren mit optionaler Zeitüberwachung. Eine Nachricht kann an mehrere Empfänger geschickt oder es können auch Nachrichten von mehreren Absendern angenommen werden. Im wesentlichen dienen Protokolle zur Definition von Kommunikationsmustern, d.h. der von einer zur anderen Collection gesendeten Nachrichtenmuster. In PEARL werden Ports mit den Typen ein- oder ausgehend versehen, wodurch den über die Ports laufenden Interaktionen Beschränkungen auferlegt werden. Wie in Abbildung 7 gezeigt, haben wir nach dem Muster der PEARL-Konstrukte Protokoll und Port Stereotype durch Modifikation des Stereotypen „ArchitecturalElement" geschaffen. Der endliche Automat und das Interaktionsdiagramm eines einem Port zugeordneten Protokolls werden in Standard-UML dargestellt.

3   Modellierung eines verteilten Automobilbordsystems

In diesem Abschnitt soll der Einsatz obiger Stereotypen am Beispiel der Spezifikation eines verteilten automobilelektronischen Bordsystems vorgestellt werden. Solche Systeme bestehen i.w. aus einer Reihe elektronischer Steuereinheiten (ECUs), die durch zwei CAN-Feldbusse miteinander verbunden sind. Der eine Feldbus wird für die sicherheitskritischen Steuerungsaufgaben und der andere für Komfort- und Unterhaltungsfunktionen benutzt. Beide Feldbusse sind über einen Koppler miteinander verbunden, weil gewisse Daten im gesamten System benötigt werden [1]. Um die Architektur eines solchen Systems darzustellen, wird

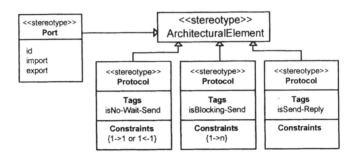

Abbildung 7. Stereotypen für die PEARL-Konstrukte Protokoll und Port

in Abbildung 8 der konzeptionelle Entwurf in Form eines Kapselkollaborations-
diagramms gezeigt. Darin sind die Systemkomponenten und ihre Verschaltungen
zu sehen. Zur Steuerung des Antriebsstrangs und der Karosserie gibt es zwei
Subsysteme. Der Fahrer wirkt auf die ECUs des Motors, des Getriebes und der
Bremsen durch die entsprechenden Pedale und Hebel ein, was durch je eine Kapsel für Antriebsstrang- und Karosserieeinwirkung mit einem Verbindungsproto-
koll zum Datentransfer zwischen ihnen dargestellt wird. Grundsätzlich gibt es
Punkt-zu-Punkt- und Mehrpunktverbindungen [3], die beide mit dem Stereotyp
Protokoll modelliert werden können. Die ECU-Kapsel ist eine spezialisierte ak-
tive Klasse, die zur Modellierung einer eigenständigen Systemkomponente dient.
Ihre Funktion kann nur von innen heraus aufgerufen werden. Zur Kommunikation mit anderen Kapseln bedient sie sich der Nachrichtenübermittlung über
Ports, die durch Leitungen miteinander verbunden sind.

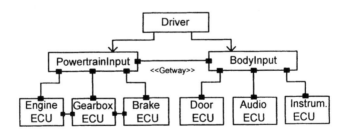

Abbildung 8. Typische Architektur automobilelektronischer Bordsysteme

Das Kapselkollaborationsdiagramm wird durch die Definitionen des Klassen-
diagramms verfeinert. Aus Platzgründen sei hier nur das Subsystem Antriebs-
strang in Abbildung 9 wiedergegeben. Zwischen den ECUs für Motor, Getriebe
und Bremsen gibt es einen Port zur Übertragung elektrischer Größen und einen
anderen zur Angabe der mechanischen Größen Winkelgeschwindigkeit und Dreh-
moment der Antriebswelle. Beide können wir mit Port-Stereotypen beschreiben.
Die drei genannten ECU-Klassen enthalten die Charakteristika die die Kom-

ponenten beschreibenden Attribute. Den Klassen sind Invarianten beigegeben, um die ihr Verhalten bestimmenden physikalischen Gesetze zu spezifizieren. So wird die Invariante von „GearBox" z.B. als Funktion der Hilfsvariablen „currentRatio" geschrieben, deren Wert von der Bewegungsrichtung abhängt. Das Objekt reagiert auf die zwei Aufrufe „forwardGear()" und „reverseGear()", die Zustandsübergänge hervorrufen und somit das Verhalten ändern, da eine neue Invariante das aktuelle Übersetzungsverhältnis bestimmt. Die zwei Aufrufe liefern in Abhängigkeit der aktuellen Getriebespannung Wahrheitswerte ab, womit ein Gang unter Verwendung dieser Spannung ausgewählt werden kann. So ist sofortiges Gangschalten möglich, während sich die Achsen drehen. Zur Modellierung des dynamischen Verhaltens kann jede ECU-Kapsel mit Zustände und Übergänge spezifizierenden Tabellen versehen werden, wie sie in UML Standard sind und die die Reaktion von Kapseln auf an ihren Ports ein- oder ausgehende Nachrichten beschreiben. Zustandsübergänge können auch den Aufruf von Kapseloperationen bewirken. Darüber hinaus können Ablaufdiagramme zur Beschreibung der Interaktion von Kapseln sowie Protokollzustandstabellen zur Darstellung des protokollspezifischen Nachrichtenaustausches eingesetzt werden [5].

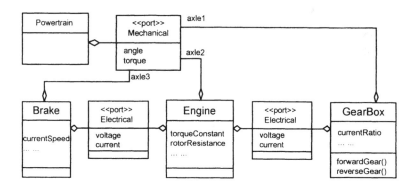

Abbildung 9. Klassendiagramm der Architektur des Bordsystems

4 Schlußfolgerung und weitere Arbeiten

Obiges Beispiel zeigt, daß sich mit objektorientiertem Entwurf unter Verwendung von UML und der an Mehrrechner-PEARL orientierten Stereotypen für verteilte Systeme folgende Probleme überwinden lassen, vor denen die Automobilindustrie zur Zeit noch steht [1]:

– Spezifikationen sind nicht formal genug, um sorgfältig in Hinblick auf Umsetzbarkeit, Kosten und Entwicklungsdauer analysiert werden zu können,

– Entwürfe werden auf zu niedrigem Abstraktionsniveau durchgeführt: Motorverhalten, Fahrereingaben und Steuerungsalgorithmen werden zusammen beschrieben, woraus sich für den Entwurf eine zu schwierige und detailbeladene Sicht ergibt,

– Steuerungsalgorithmen implementierende Programme sind unstrukturiert: Software für verschiedenen Anwendungen wird mit Regel- und Treiberprogrammen von Sensoren und Aktoren vermengt,

– auf dem Betriebssystemniveau werden Tasks nach heuristischen Kriterien definiert und das Ablaufzeitverhalten von Systemen wird erst anhand von Implementierungen analysiert.

Das hier präsentierte UML-Profil gibt die in Mehrrechner-PEARL enthaltenen Kernkonzepte zur Modellierung wieder. Als nächsten Schritt werden wir dieses Profil um die Aspekte Echtzeit und Sicherheit erweitern und dann in ein vorhandenes UML-basiertes Entwicklungswerkzeug einbetten. Anschließend soll eine abstrakte Entwicklungsumgebung erstellt werden, die auch die Phasen Systemanalyse, Verifikation, Validierung, Simulation und Codegenerierung umfassend unterstützt. Dabei dürfte es sich als Vorteil erweisen, daß wir die standardmäßigen Erweiterungsmechanismen von UML zur Einführung der neuen Konstrukte verwenden.

Literatur

1. A. Balluchi, A. Ferrari, A. Sangiovanni-Vincentelli, R. Flora, G. Gaviani, W. Nesci und G. Serra: Functional and Architecture Specification for Power-Train Control System Design. Proc. *2nd IFAC Conf. on Mechatronic Systems*, Berkeley, CA, 2002.
2. DIN 66253 Teil 3: *Mehrrechner-PEARL*. Berlin-Köln: Beuth Verlag 1989.
3. R. Hadeler und H.J. Mathony: Design of Intelligent Body Networks. Proc. *SAE World Congress*, Detroit, MI, 2000.
4. W.A. Halang und B.J. Krämer: PEARL als Spezifikationssprache. *PEARL 93 – Workshop über Realzeitsysteme*, P. Holleczek (Hrsg.), S. 43 – 51, Reihe „Informatik aktuell", Berlin-Heidelberg: Springer-Verlag 1993.
5. S.J. Mellor und M.J. Balcer: *Executable UML: A Foundation for Model-Driven Architecture*. Addison-Wesley, 2002.
6. OMG: *Unified Modeling Language Specification (1.4)*, 1999. http://www.omg.org
7. B. Selić, G. Gullekson und P.T. Ward: *Real-Time Object-Oriented Modeling*. John Wiley and Sons, Inc., 1994.
8. UML-TM Profile for Schedulability, Performance and Time Specification, 1999. http://neptune.irit.fr/Biblio/02-09-06p.pdf

Einplanbarkeitsanalyse mit dem UML Echtzeitprofil am Beispiel RT CORBA

Andreas Korff

ARTiSAN Software Tools GmbH
Eupener Str. 135-137, D-50933 Köln
Andreas.Korff@artisansw.com

Kurzfassung

Das Echtzeitprofil RT Profile wurde als Adopted Technology im September 2002 von der Object Management Group (OMG) als Erweiterung der UML akzeptiert und befindet sich momentan in der Finalization Phase. Darin enthalten ist als Unterprofil zu RT CORBA. Dieses Profil dient nicht als Modell von RT CORBA selbst, sondern hat zum Zweck, Einplanbarkeitsanalysen verteilter Systeme basierend auf RT CORBA standardisiert durchführen zu können.

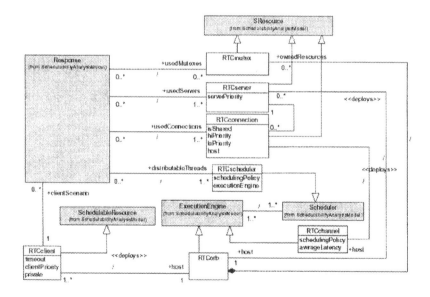

Abbildung 1. UML Domänenmodell für RT CORBA Applikationen

Nachdem zum einen verschiedene Implementierungen von RT CORBA zur Verfügung stehen und auch sich die Modellierung von Echtzeitsystemen mit der UML immer mehr durchsetzt, möchte der Vortrag einen Einblick in die UML Modellierung und die Einplanbarkeitsanalyse mit dem RT Profil am Beispiel des RT CORBA Unterprofils zeigen.

Messagepassing: Objektorientierung vs. Multitasking
Geschichte eines Missverständnisses

Prof. Hannelore Frank

Fachhochschule Furtwangen

Abstract. Es wird der bekannte Begriff "Messagepassing" aus der Sicht des Multitaskings mit den Philosophien der Objektorientierung verglichen. Hierbei tauchen einerseits Parallelen andererseits erhebliche Unterschiede auf. Die Unterschiedlichkeit wird im Zusammenhang mit der Implementierungsform Thread zu einer Synthese geführt.

1 Das Missverständnis

Ich gehöre zu den InformatikerInnen, die einerseits eine Zeit lang tief in der Welt des Multitaskings arbeiteten, andererseits aber auch das Pardigma der Objektorientierung tief verinnerlicht haben. Letzteres ist auch mein aktuelleres Beschäftigungsfeld.

Durch meine sehr unterschiedlichen beruflichen Erfahrungen ist mir eigentlich bewusst, dass Begriffe in der Informatik in völlig unterschiedlichen Zusammenhängen verwendet werden – dabei allerdings auch in ihrer Bedeutung sehr von diesen Zusammenhängen geprägt sind. Als vorsichtige Informatikerin sollte ich also immer die Verwendung von Begriffen im jeweiligen Zusammenhang sehen, oder eben diesen Zusammenhang hinterfragen.

Dies die Theorie – der Alltag verleitet aber auch mich immer wieder, zu schnell Begriffe zuzuordnen, oder dann mit offenem Mund und offenen Augen erst mal einen Moment dazusitzen.

Der Auslöser dieses Artikels war eine solche Situation und die darauf folgende Diskussion.

Im Themenumfeld der verteilten Anwendungen folgte auf die Frage nach einer asynchronen Lösung des Remote Procedure Calls die Antwort – " das macht man dann mit Massagepassing ".

Da ich im Vorfeld gerade noch eine Vorlesung zur Objektorientierung gehalten hatte mit dem Tagesthema "Messagepassing", stand mir bei dieser Antwort erst mal der Mund offen – ich konnte den Begriff hier nicht zuordnen.

Die spätere Diskussion mit einem Kollegen half mir dann zwar wieder, den Begriff zuzuordnen, zeigte mir andererseits aber auch, dass hier doch recht unterschiedliche Interpretationen hinter dem gleichen Begriff stehen.

Diese Unterschiedlichkeit soll daher dieser Artikel näher betrachten und hierdurch zumindest eine Variante der Begriffsmissverständnisse verhindern helfen.

2 Messagepassing – der Begriff

Warum war mir die Verwendung von Messagepassing in der oben geschilderten Situation so eigenartig erschienen?
Nun, gefragt war ja eine asynchrone Variante. Im grundlegenden objektorientierten Paradigma verbirgt sich hinter dem Begriff aber die vor allem erst mal synchrone Form von Methoden- (Funktions-) Aufrufen. Hierdurch also ein klarer Widerspruch, oder?

Definition 1. message passing
One of the two techniques for communicating between parallel processes (the other being shared memory). [1]

Definition 2. message passing
Object-oriented programming uses message passing between objects as a metaphor for procedure call. [1]

2.1 Verwendung im Multitasking

Der Nachrichtentransfer im Multitasking – Massagepassing – wird als eine Möglichkeit des Informationsaustausches zwischen zwei oder mehreren unabhängig agierenden Einheiten – Tasks – gesehen.

Informationsaustausch = Messagepassing. Hier steht ganz deutlich die Information im Vordergrund. Was dann konkret mit dieser Information passiert ist direkt bei diesem Mechanismus nicht sichtbar.
Die beteiligten Tasks sind hier völlig selbständig bei der Art der Verarbeitung, aber auch beim zeitlichen Verlauf dieser.

Beispiel serielle Schnittstelle Betrachten wir den Austausch von Nachrichten an z.B. einer seriellen Schnittstelle, dann wird diese Aussage noch deutlicher. Das absendende Gerät beeinflusst das empfangende Gerät nur insoweit, als die Übernahme der Information synchronisiert sein muss. Alle weiteren Aktionen, die durch die Information ausgelöst werden könnten, werden nicht durch das sendende Gerät beeinflusst.
Die Fragen **Wer schickt an wen** und **Wer ist aktiv** beantworten sich in diesem Szenario leicht. Ein unabhängiges Gerät schickt an das andere unabhängige Gerät. Beide sind für den Informationstransfer an der Schnittstelle synchronisiert bleiben aber in ihrer restlichen Aktivität unabhängig. Innerhalb des synchronisierten Bereichs sind beide durch die eigene Aktivität gesteuert.

Im Multitasking können wir die Geräte durch Tasks ersetzen. An Stelle der seriellen Schnittstelle als Punkt des Informationsaustausches können wir z.B. einen Datenbereich mit Zugriffsfunktionen sehen, die die notwendige Synchronisation übernehmen – also einen Monitor:

Definition 3. monitor

A programming language construct which encapsulates variables, access procedures and initialisation code within an abstract data type. The monitor's variable may only be accessed via its access procedures and only one process may be actively accessing the monitor at any one time. The access procedures are critical sections. A monitor may have a queue of processes which are waiting to access it. [1]

Beispiele hierfür finden wir unter anderem als Message Queues direkt über das Betriebssystem (UNIX)[2].

Dieser gemeinsam genutzte Monitor als Synchronisationspunkt für den Informationsaustausch ist ein gemeinsam sichtbarer Bereich. Er ermöglicht den Informationsaustausch, ohne dass eine Task die inneren zusammenhänge einer anderen Task kennen muss. Er ermöglicht sogar den Informationsaustausch zwischen n Sendern und m Empfängern.

Wie passt diese Sicht auf den Begriff Messagepassing jetzt in das Bild der Objektorientierung?

2.2 Verwendung in der Objektorientierung

Messagepassing wird im objektorientierten Paradigma in Zusammenhang mit dem "Versuch eines" Methodenaufrufs bei einem Objekt gesehen. Hierbei ist die Message die Kombination aus Methodenbezeichner und eventuellen Informationen als Aufrufparameter [3].

Methodenaufruf = Messagepassing. Was bedeutet denn für die Objektorientierung, eine Methode aufzurufen? Es soll eine Fähigkeit eines Objektes ausgelöst werden. Es soll dabei eindeutig nicht in die "inneren Angelegenheiten" dieses Objektes eingegriffen werden, sondern im "Einvernehmen" mit diesem Objekt die Fähigkeit genutzt werden.

Ein wichtiger Grundsatz der Objektorientierung spielt hier die Hauptrolle – die Selbstbestimmung eines Objektes muss geachtet werden. Dieser Grundsatz wird zwar gerne mit dem Begriff "Information Hiding" umschrieben, dieser spricht allerdings nur das Umgehen mit den Daten als solchen an, nicht aber die Verantwortungsbeziehung, die sich dahinter auch verbirgt.

Wenn wir den Methodenaufruf nun mit dem Weiterleiten einer Nachricht an einen Empfänger bezeichnen, wird dadurch wesentlich deutlicher, dass es in der Eigenverantwortung des Empfängers liegt, mit dieser Nachricht entsprechend umzugehen. Der Automatismus "Aufruf = Ausführung des Codes" ist hierdurch durchbrochen.

Anders aber als bei der Verwendung im Multitasking bedeutet der Methoidenaufruf nicht nur der reine Informationsaustausch sondern die Anforderung einer konkreten Funktionalität, deren Bezeichnung dabei bekannt sein muss. Es wird nun also eine Information zusammen mit der Anforderung einer Funktionalität weitergeleitet. Insoweit scheint das ja dem ursprünglichen Messagepassing nicht wesentlich zu widersprechen, da auch die Information zwischen Tasks im weiteren Verlauf eine Funktionalität auslöst. Nur wird hier in der Objektorientierung die Nennung der Funktionalität direkt mit dem Informationsfluss gekoppelt.

Wer an Wen. Um den Vergleich jedoch detaillierter durchzuführen, stellt sich als nächstes die Frage nach den austauschenden Parteien. Wer leitet die Nachricht an wen weiter? Wieviele können an diesem Austauschpunkt Nachrichten an wieviele weiterleiten?

Im Idealfall der Objektorientierung wird von einem Objekt die Nachricht an ein anderes Objekt weitergegeben. Der weniger ideale Fall löst den Methodenaufruf über den Ursprung der Anwendung, das Hauptprogramm aus. Für meine Betrachtungen schliesse ich den zweiten Fall aus – in guten objektorientierten Programmen hat das Hauptprogramm sowieso nicht viel zu tun.

Unsere Antwort hier lautet also **ein** Objekt sendet eine Nachricht an genau **ein** anderes Objekt. Hinter diesem Mechanismus steckt also eine deutliche Einschränkung.

Was aber verbirgt sich hinter dem Begriff Objekt? Wie vergleichbar sind Objekte mit den Tasks als Partnern des Messagepassings im Multitasking?

Doch nähern wir uns dieser Frage erst mal über eine Zwischenfrage. Beim Multitasking gehen wir von aktiven Partnern eines Messagepassings aus. Ich stelle hier also erst mal die Frage nach der Aktivität.

Wer ist aktiv. Ein Objekt schickt an ein anderes eine Nachricht. Dies impliziert, dass zumindest das schickende Objekt aktiv sein muss. Eigenständig aktive Einheiten in Programmen kennen wir unter den Begriffen Prozess, Task bzw. Thread.

Haben wir es mit einem einfachen objektorientierten Programm zu tun, so wird es nur eine aktive Einheit geben. Das empfangende Objekt kann also nur über die Aktivität des sendenden Objektes die gewünschte Funktionsweise durchführen. Das Aufrufverhalten ist also synchron, die eine vorhandene Aktivität trägt den gesamten Vorgang.

Hier ist wieder ein deutlicher Unterschied zum Multitasking. Das objektorientierte Messagepassing kann mit nur einer aktiven Einheit durchgeführt werden. Das Objekt, dessen Fähigkeit aufgerufen wird, ist hier ein passiver Partner im Messagepassing. Das aufrufende Objekt ist der aktive Partner, der seine eigene weitere Verarbeitung nicht nur für den Moment des Informationsaustauschs, sondern auch während der Abarbeitung der ausgelösten Funktionalität aussetzt.

Die Unterschiede in diesen Fragen sind gravierend.

3 Task bzw. aktives Objekt = Thread

Im vorangegangenen Kapitel wurde deutlich, dass der Begriff Messagepassing deutlich unterschiedliche Mechanismen bezeichnet, jenachdem ob er im Zusammenhang mit Multitasking oder den Grundbegriffen der Objektorientierung verwendet wird.

Die Argumentation hat allerdings weitere Begriffe aufgeworfen, deren Bedeutung noch genauer untersucht werden sollte. Auf diese Weise finden sich eventuell doch noch weitere Gemeinsamkeiten (z.B. ein Multitasking-Messagepassing in der Objektorientierung) bzw. weitere interessante Erkenntnisse.

3.1 Task = Thread

Die Argumentationslinie vereinfacht sich etwas, wenn wir den Begriff Task aus dem Multitasking auf den in der Objektorientierung gebräuchlicheren Begriff Thread abbilden können.

Eine Task ist zunächst mal eine eigenständig ablauffähige Einheit, die eine Anwendung alleine oder in Zusammenarbeit mit anderen zu ihr parallel laufenden Tasks durchführt.

Diese Funktionalität kann dadurch realisiert werden, dass jede Task als Prozess des Betriebssystem gestartet wird und jegliche Zusammenarbeit zwischen den Tasks über das Betriebssystem geführt werden muss.

Es ist aber auch möglich, jede Task als Thread eines gemeinsamen Prozesses zu realisieren.

Das Bild einer Anwendung aufgebaut aus mehreren Threads entspricht schon eher auch dem Bild des Multitaskings, das eine Gesamtanwendung als aus mehreren Tasks aufgebautes Programm sieht. Die tatsächliche Umsetzung dieser Struktur im jeweiligen Betriebssystem wird dabei gerne der Implementierung der verwendeten Programmiersprache (z.B. PEARL) überlassen.

Gerade die Umsetzung als Thread bietet dabei eine Parallele zu der Darstellung eines Multitasking-Programms in der Multitasking-Programmiersprache. Der Prozess, der alle dabei erzeugten Threads (=Tasks) umfasst, stellt den gemeinsamen Code- und Datenbereich zur Verfügung, in dem sich die Abläufe bewegen können.

Eine übliche Vorgehensweise bei der Implementierung von Multitasking Anwendungen ist es, die Task als Anhäufung von Funktionsaufrufen zu schreiben, die durch die entsprechende Kontrollstruktur für den gewünschten Makro-Ablauf umrahmt sind.

Als Schnittstellen zu einer Task sind einerseits Interaktionspunkte mit dem Benutzer oder externen Einheiten (Messagepassing aus bzw. zu der Aussenwelt) oder Messagepassing zwischen verschiedenen Tasks zu sehen.

Ein Zugreifen auf Funktionen der einen Task durch eine andere Task kann nur insofern vorgesehen sein, dass ein gemeinsamer Funktionspool existiert, bei dem sich jede Task bedient.

3.2 aktives Objekt = Thread

Die Objektorientierung unterscheidet zwischen aktiven Objekten und passiven Objekten. Bei beiden gelten die grundsätzlichen Punkte der Objektorientierung, wie z.B. Information Hiding. In beiden Fällen sollte ein Durchgreifen von aussen direkt auf Daten im Objekt verhindert sein und durch entsprechende Methoden geschützt ermöglicht werden.

Der Unterschied sollte sein, dass das aktive Objekt der Träger der Aktion ist, während das passive Objekt zum Befehlsempfänger wird.
Das ist in der Umsetzung noch nicht gleichbedeutend mit der Aussage, dass ein aktives Objekt einem Thread entspricht. Es kann auch zeitweilig "Besitzer" der Hauptaktivität sein, z.B. nachdem das Hauptprogramm das Objekt erzeug hat und dann eine Methode dieses Objektes aufruft, die in einer Schleife läuft.

Um den Vergleich klarer darzustellen bietet sich allerdings an, diese Form von aktiven Objekten hier zu vernachlässigen.

Unser aktives Objekt soll hier also eigenständig aktiv sein. Das objektorientierte Paradigma lässt hier aber zunächst offen, wieviele Aktivitäten das Objekt enthält.
Im Extremfall könnte es einer gesamten Anwendung entsprechen, die aus unterschiedlichen parallelen Aktivitäten besteht. Der grundsätzliche Objektbegriff sieht Aktivität nur als eine Fähigkeit neben anderen.

Auch hier muss ich wieder eine Einschränkung anbringen, um nicht die Argumentationslinie unnötig zu verbreitern. Alle gängigen Implementierungen von objektorientierten Programmiersprachen folgen dem Prinzip – **ein** Objekt kann genau **eine** Aktivität enthalten.
Speziell in Java wird dies über die Bibliotheksklasse Thread umgesetzt. Mithilfe dieser Klasse kann sehr leicht eine eigenständige Aktivität erzeugt werden, die dann eine eins–zu–eins Beziehung zu dem erzeugten Thread-Objekt hat.

Schnittstellen des Thread-Objektes Für die Task habe ich noch die Frage der Schnittstellen angesprochen. Beim Objekt = Thread gestaltet sich das zunächst ähnlich.
Zur Aktivität des Objektes existieren ebenso nur die Schnittstellen, die sich aus Interaktionspunkten mit dem Benutzer oder Geräten oder dem Nachrichtenaustausch zwischen Thread-Objekten ergeben.
Zu dem Objekt, das "zufälligerweise" gerade auch ein Thread ist existiert allerdings auch noch eine weitere Schnittstelle. Sonstige öffentlich verfügbare Methoden können von anderen Threads aufgerufen werden (Objektorientiertes Messagepassing), ohne dass hier zwingend ein Zusammenhang mit dem beinhalteten Thread bestehen muss.
Das entspricht etwa einem Rucksackwanderer, der sich fröhlich an der Natur

freut, während in seinem Rücken andere Wanderer sich an den Aussentaschen seines Rucksacks bedienen – ohne Fragen natürlich.

Multitasking–Messagepassing zwischen Thread-Objekten Stellt sich jetzt noch die Vergleichsfrage, nachdem Messagepassing in der Objektorientierung anders belegt ist als im Multitasking, wie tauschen denn nun Thread-Objekte Nachrichten aus?
Hier können im Wesentlichen zwei Techniken angewendet werden.

Zum einen die zusätzliche Schnittstelle des Thread-Objektes. Über eine vom Objekt Thread-X zur Verfügung gestellte Methode könnte ein anderes Thread-Objekt – Thread-Y – Informationen (= Aufrufparameter) über das objektorientierte Messagepassing in den Innenbereich des Thread-X leiten. Zu diesem Innenbereich hat die Aktivität des Thread-X freien Zugriff. Es würde völlig innerhalb des Thread-X entschieden, wie die Informationsübergabe zu synchronisieren ist.

Für die zweite Methode habe ich schon einen Begriff eingeführt: Monitor. Es lässt sich sehr gut durch ein passives Objekt das Monitor Prinzip abbilden.
Der Monitor erhält den benötigten Datenbereich für den Informationsaustausch und zwei öffentliche Methoden – set und get – die für den Datentransfer und die nötige Synchronisation sorgen.
Ein derartig entwickelter Monitor kann wiederum den Nachrichtenaustausch von n Sendern an m Empfänger regeln und entspricht daher auch der besseren Wahl einer Implementierung des Multitasking–Messagepassing.

4 Fazit

Auf den vorangegangenen Seiten habe ich den Begriff Messagepassing für das Multitasking und in der Objektorientierung genauer unter die Lupe genommen.
Deutlich wurde dabei die sehr unterschiedliche Verwendung.
In der Folge versuchte ich die beiden Welten direkt in Hinblick auf parallele eigenständige Aktivitäten zu vergleichen und habe gerade in der Objektorientierung beide Varianten des Messagepassings positioniert.
Ich bin hier nicht mehr mit dem einfachen Begriff ausgekommen, sondern musste auf die näheren Bezeichnungen – Multitasking–Messagepassing und objektorientiertes Messagepassing – zurückgreifen.
Dieses Vorgehen hat den Text "aufgebläht" – ohne wäre aber die Argumentation nicht möglich gewesen.
Wir wären wieder bei Missverständnissen gelandet wie am Anfang geschildert.

Es lohnt sich, Begriffen genauer auf den Grund zu gehen, um Missverständnisse zu vermeiden und vielleicht auch die eine oder andere noch nicht erkannte Betrachtungsweise zu finden.

References

[1] FOLDOC, Free On-Line Dictionary of Computing.
http://foldoc.doc.ic.ac.uk/foldoc/index.html
[2] Stevens W.R.: UNIX Network Programming.
Prentice Hall Software Series (1990) 126–137
[3] Wilkie G.:
Object-Oriented Sorftware Engineering, The Professional Developer's Guide.
Addison-Wesley (1993) 27–31

FHFTrain — eine Plattform für Studien im Bereich von Ubiquitous Computing

Rainer Müller

FH Furtwangen, Robert-Gerwig-Platz 1, 78120 Furtwangen;
mueller@fh-furtwangen.de

Zusammenfassung Im Bereich von Ubiquitous Computing kommen Fragestellungen welche Verantwortlichkeitung wo angesiedelt werden immer mehr in den Vordergrund, da die beteiligten Komponenten immer leistungsfähiger werden. Mit dem FHFTrain sollen auf Basis von "intelligenten Lokomotiven" und "intelligenten Waggons" und entsprechender Ladung Fragestellungen der Datenhaltung, Verantwortlichkeit und Verläßlichkeit untersucht und überprüft werden. In diesem Beitrag wird das Konzept der "intelligenten Lokomotive" vorgestellt.

1 Einleitung

Der Begriff "Ubiquitous Computing" wurde im Jahre 1993 von Marc Weisser [1] geprägt und bezeichnet die Allgegenwart von Rechnern und Rechendienstleistung, wobei die Geräte an sich vom Menschen kaum mehr wahrgenommen werden. Verschiedene Projekte zum Studium von ubiquitären Systemen wurden schon durchgeführt, wobei der Fokus oft auf den Fragestellungen der technischen Machbarkeit und dem direkten Nutzwert für den Menschen im ubiquitären System gelegen hat. Die Leistungsfähigkeit von Rechnern und Kommunikationsverfahren ist in den letzten Jahren rapide angestiegen, wobei der Energiebedarf pro Einheit gleichzeitig sogar gesunken ist. Nun stehen leistungsfähige Systeme on the shelf bereit, mit denen sich individuelle Komponenten zu vernünftigen Preisen herstellen lassen. Gleichzeitig sind die drahtlosen Kommunikationsverfahren wie WLAN und BlueTooth inzwischen auch im Home- und Officebereich vergestoßen und damit auch preisgünstig geworden. Der Preis für einfache RFID-Tags und Chipkarten liegt bei entsprechenden Stückzahlen im Eurobereich.

Derzeit sind schon Informationssysteme im Warenverkehr im Einsatz [2]. Z.B. werden in Zugrestaurants der finnischen Bahn Verkaufsinformationen direkt für die Nachlieferung ausgenutzt. Dieser Ansatz hängt sich an ein bestehendes Netz und nutzt dieses für seinen eigenen Kommunikationszwecke.

Der naheliegende Ansatz der Anbindung jedes einzelnen Transportgutes an das GSM-Netz verursacht einen großen Kostenfaktor, der mit durch den Einsatz heute verfügbarer Kommunikationsnetze im Nahbereich deutlich verringert werden könnte. Der Umweltfaktor von geringerem Elektrosmag durch den Einsatz von weniger Teilnehmern im GSM-Netz wäre sogar ein positiver Nebeneffekt.

An der Fachhochschule Furtwangen entsteht derzeit in Kooperation der Fachbereiche *Computer- and Electrical Engineering* und *Informatik* eine Testumgebung für Fragestellungen der Datenhaltung, Datenverantwortlichkeiten für den Bereich des Gütertransports. Zu Veranschaulichung möchte ich folgendes Szenario (nach [3]) voranstellen:

> Eine bestellte Ware wird z.B. per Bahn zum Kunden verschickt. Damit der Kunde sich jederzeit über den Zusatnd seiner Ware erkundigen kann bekommt er vom Verkäufer den Zugriff auf eine mit verpackte Rechnereinheit. Diese Rechnereinheit ist mit spezifischen Sensoren für die Ware ausgestattet und kann relevante Umgebungsparameter überwachen. Der Kunde kann so die Umgebungsparameter seiner Ware abfragen. Bei entsprechender Infrastruktur kann das Paket auch seine jeweilige Umgebung für zusätzliche Informationen (z.B. Fahrzeugbezeichung, aktueller Standort) befragen. Somit weiß der Kunde jederzeit, wo sich das Paket gerade befindet und kann z.B. die Ankunftszeit besser abschätzen.
> Bei einer Überschreitung von voreingestellten Grenzen wird der Kunde automatisch unterrichtet. Er kann dann entsprechende Maßnahmen ergreifen.

Diese Vision wirft eine ganze Reihe von Fragestellungen auf. Es geht z.B. um:

- Wer stellt welche Informationen bereit?
- Wo werden Informationen gespeichert?
- Welcher Aufwand entsteht bei Umladevorgängene?
- Wer steuert das System? – Gibt es eine zentrale Instanz?
- usw.

Diese Fragestellungen sollen unter Laborbedingungen untersucht werden. ([4])

2 Umsetzung des Szenarios ins Modell

Für die Umsetzung des Szenarios benötigen wir eine Kommunikationsinfrastruktur aus dem Officenetz transparent zum Paket. Aus Gründen der einfacheren Umsetzung haben wir ein Eisenbahnmodell gewählt. Dies erleichtert die Lösung der Energieversorgung und der physikalischen Wegeführung. Zur Vermeidung von Investionsmehraufwand und Reduktion der Gerätekosten beim Paket gehen wir von Accesspunkten auf den einzelnen Transporteinheiten (Waggons) aus. Diese Zugangspunkte sollen auch in anderen Transporteinheiten (LKW), sowie auch in Lagerbereichen bereitstehen. Die Waggons sind zu einem Zug zusammengekoppelt und bilden ein selbstorganisiertes LAN, wobei die Lokomotive als einziger Teilnehmer hier eine Gatewayfunktionalität allen Teilnehmers des ZugLANs ins WAN bereitstellt (vgl. Abb. 1).

Somit ist nur ein einziger Kommunikationskanal zur Außenwelt notwendig, solange die Bandbreite ausreicht. Jede beteiligte Komponente kann eigene Informationen bereitstellen. So kennt jeder Waggon seine Betriebsparameter und

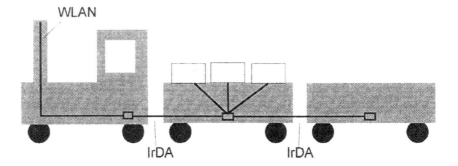

Abbildung1. Der Zug als LAN. Die einzelnen Fahreinheiten sind über Infrarotverbindungen zu einem LAN gekoppelt. Pakete können über Zugangspunkte im Waggon am Netz teilnehmen.

seine Position innerhalb des Zuges. Die Lokomotive kennt ihre aktuelle Position auf der Strecke.

Für die Kommunikation der Teilnehmer wurde pragmatisch HTTP via TCP/IP und XML festgelegt. Diese weit verbreiteten Standards reduzieren die Zahl der zu lösenden Probleme auf ein machbares Maß. Das Modell soll möglichst gut die Realität nachbilden, wobei durch den zur Verfügung stehenden Platz Abstriche gemacht werden müssen. Nach Abwägung der verschiedenen Punkte fiel die Wahl auf ein Lehmann Großbahn System. Der Aufbau umfasst einen Streckensystem wie im Abb. 2 dargestellt. Die Strecke wird von einer SPS über 48 Streckenkontakte kontrolliert und mit elektrischen Weichen mit Rückmeldekontakten gesteuert. In einem späteren Stadium soll es möglich sein, die aktuellen Streckenparameter direkt den Zügen bereitzustellen, die dann daraus eigene Entscheidungen treffen können.

3   Das Modell

Dieser Abschnitt konzentriert sich auf die für den Fahrbetrieb notwendigen Komponenten *Strecke*, *Leitstelle* und *Lokomotive*. Die Komponenten *Waggon*und *Ladung* werden ausgespart, da sie hier nicht wesentlich beitragen.

3.1   Die Strecke

Abb. 2 zeigt einen schematischen Aufbau der Streckenführung. Ausstattung:

- 48 Reedkontakte zur Lokalisierung des Zuganfangs
- 6 Weichen
- 1 Entkopplungsstelle
- Stromversorgung 24V/5A DC
- aufgebaut auf einer Platte mit den Abmessungen 160cm x 280cm

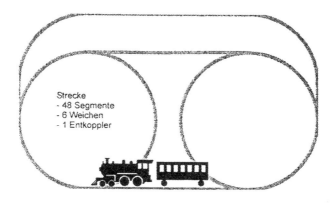

Strecke
- 48 Segmente
- 6 Weichen
- 1 Entkoppler

Abbildung 2. Schematische Darstellung der Strecke

Die Erfassung der Streckensensoren und Ansteuerung der Weichen geschieht über eine SPS Simatic S7/300. Die komplexeren Aufgaben der SPS werden im folgenden Abschnitt erläutert.

3.2 Die Leitstelle

Neben den einfachen Steuerungsaufgaben soll die SPS auch die Aufgabe der Streckenleitstelle wahrnehmen. Dazu zählen

– Segmentfreigabe und Vorgabe der Höchstgeschwindigkeit
– Wegeplanung
– Fahrplanbetrieb

Die für einen Fahrbetrieb notwendigen Abfragen durch die Lok über Webservices (vgl. Abb 4 können leider nicht mit den CP343-1 IT (TCP/IP-Kommunikationsprozessor mit WWW-Server) abgewickelt werden, da dieser nur statische HTML-Seiten und JAVA-Applets liefern kann. Eine Lösung könnte ein separater PC sein, der über OPC die Streckeninformationen aus der SPS abholt und dann per HTTP und XLM bereitstellt. Dieser Weg kostet Transparenz im Modell und Verarbeitungsgeschwindigkeit. Wir verfolgen derzeit den Weg, diesen Dienst im S7-Programm in AWL oder SCL zu implementieren.

3.3 Die Lokomotive

Die Lokomotive ist mit einem PC/104-System mit Linux (Trinux [6]) ausgestattet [5]. Die Gatewayfunktion wird auf ein WLAN abgebildet. Die Kommunikation zum Waggon geschieht über IrDA. Die IrDA-Verbindung gestattet es die Verbindung nur zum angekoppelten Waggon aufzubauen, ohne zusätzliche Steckverbinder zu betätigen. Dies ist für die geplanten Rangierszenarien von besonderer Bedeutung. Durch Modifikation der IrDA-Einheiten konnte die Reichweite an das Modell angepasst werden.

3.4 Hardwarebeschreibung der Lokomotive

Ein unterschätztes Problem war die Stromversorgung. Auf den Schienen liegen 24V DC bereit, die über Schleif- und Rollkontakte abgegriffen wird. Die Rechnereinheit benötigt eine sehr stabile Versorgung, die über Pufferkondensatoren erreicht wird. Ein Überspannungsschutz vervollständigt die Stromversorgung in der Lokomotive. Als Rechnersystem wurde ein INTEL Pentium 166MHz, 32 MB RAM , 32 MB Flash in PC/104-Bauform eingesetzt. Die WLAN-Anbindung erfolgt über einen PCMCIA-Adapter. Zur Erfassung von analogen Betriebsdaten wurde ein 8 Kanal differentieller ADC eingesetzt.

Abb. 3 zeigt einen schematischen Aufbau der Lokomotive.

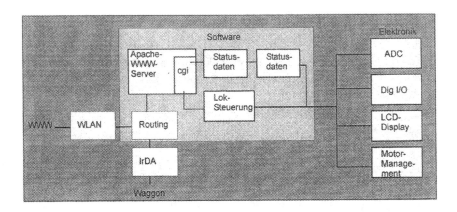

Abbildung3. Blockdiagramm der Modelllokomotive

Nachstehende Sensoren stellen realitätsnahe Betriebsdaten bereit:

Weggeber In Fahrgestell ist ein Drehgeber eingebaut, der eine genaue Weginformation ($\approx 2mm$) liefert. Damit sollen sowohl eine Tachofunktion, eine Geschwindigkeitsregelung und auch eine genaue Positionierung im Rangierbetrieb erreicht werden. Das Integral liefert den "Kilometerzähler" zur Ableitung von Wartungszyklen.

Temperatur wird im Führerhaus gemessen. Sie basiert auf einem einfachen NTC-Widerstand.

aktuelle Strom- und Spannungswerte liefern einen Eindruck auf die Betriebssituation.

digitale Ein- und Ausgänge sind in Reserve bereit für kommende Steuerungsaufgaben

LCD-Display stellt diverse Betriebsinformationen zur schnellen Diagnose dar.

Motormanagement erzeugt ein PWM-Signal zur Geschwindigkeitssteuerung. Falls zu lange kein neuer Wert geschrieben wurde, wird der Motor angehalten.

3.5 Software der Lokomotive

Neben Standardsoftware, wie Linux Kernel, Apache Webserver, sind eigene Trei-
berroutine für die einzelnen Hardwareressourcen im Einsatz. Für den Fahrbetrieb
ist ein Watchdogprozess aktiv, der in regelmäßigen Abständen ($< 100ms$) ein
"lebe noch" Signal an die Motoransteuerung sendet, damit der Zug weiterfährt
(Totmannknopf). CGI-Skripte erlauben den Zugang zu den Betriebsdaten. Ein
Regelkreis für die Geschwindigkeit mit dem Inkrementalgeber als Regelgröße
ist angedacht. In diesem Zusammenhang werden auch die Vorgaben bzgl. des
sicheren Fahrbetriebs mit den Parametern Segmentlänge, Geschwindigkeit und
Beschleunigung berücksichtigt.

4 Phase 1 der Integration

Damit die Szenarien aus der Einleitung überhaupt erprobt werden können, ist
eine verläßliche Basis notwendig. Der erste Schritt der Integration vereinigt die
Komponenten *Lokomotive* und *Streckenleitstelle*.

Für den eigenständigen Fahrbetrieb ist ein Dialog mit der Streckenleitstelle
notwendig. Dieser ist im Abb. 4 exemplarisch dargestellt. Es ist sicherzustellen,

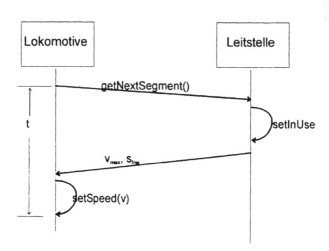

Abbildung 4. Die Lokomotive befragt die Leitstelle ob sie weiterfahren darf und ggf.
mit welchen Parametern.

dass die in der Zeit t zurückgelegte Strecke nicht größer ist als die schon freigege-
bene Strecke s_{frei}. Ggf. ist eine Notbremsung einzuleiten und dies der Leitstelle
zu melden.

5 weitere Phasen der Integration

Derzeit befinden sich die Waggons in der Entstehungsphase. Der weitere Plan ist aus Tabelle 1 ersichtlich. Alle Arbeiten werden über Seminararbeiten, Projektthemen und Diplomarbeiten erledigt. Ein schnellerer Fortgang ist durch den häufigen Wechsel der Bearbeiterteams leider nicht möglich.

WS03/04	Lokomotive mit Geschwindigkeitsregler im Einsatz
WS03/04	Kommunikation zwischen Lokomotive und der Streckenleitstelle über HTTP und XML
WS03/04	erster Prototyp des Waggons
SS04	Betrieb mit mehreren Zügen
später	Ladung

Tabelle1. geplanter Projektfortgang

Literatur

1. Mark Weiser: Ubiquitous Computing, COMPUTER **October 1993** (1993) 71-72
2. Kretschmer, U., Sommer, J.: Innovatives Kommunikationskonzept zur Unterstützung des Supply Chain Managements Diplomarbeit FH Furtwangen, Studiengang CN (2002)
3. Frank, H., Müller, R.: Anwendungswünsche und technische Machbarkeit für Ubiquitous Computuing Praxis der Wirtschaft, HMD **229** (2003) 16-22
4. Epting, V., Weise, R.: Ubiquitous Computing: Ansätze zentraler / dezentraler Organisation Diplomarbeit FH Furtwangen, Studiengang CN (2002)
5. Meyer, N.: Integration eines embedded PC/104-Systems in eine führerloeses funkgesteuertes Fahrsystem Diplomarbeit FH Furtwangen, Studiengang IK (2002)
6. Homepage: `www.trinux.org`

Realisierung einer zeitgesteuerten, verteilten Regelung mit einem CAN-TTCAN-Gateway

Amos Albert[1] und Roger Strasser[2]

[1] Robert Bosch GmbH , Schwieberdingen
amos.albert@de.bosch.com,
Tel. 0711/811-43607
[2] Institut für Regelungtechnik, Universität Hannover
strasser@irt.uni-hannover.de,
Tel. 0511/762-3054

Zusammenfassung. Für regelungstechnische Anwendungen im Automobil kommen bislang vorwiegend ereignisgesteuerte Busprotokolle wie etwa das CAN-Protokoll zum Einsatz. Um die Sicherheit und Zuverlässigkeit zu erhöhen, tritt vermehrt der Wunsch nach einem zeitgesteuerten Kommunikationsablauf in den Vordergrund. Dem wird etwa durch eine Erweiterung des CAN-Protokolls zu TTCAN (Time Triggered CAN), das bereits in einer Bosch-Implementierung als Stand-alone-Chip vorliegt, Rechnung getragen.
Um typische Problemstellungen, die beim Entwurf zeitgesteuerter Systeme entstehen, aufzuzeigen und zu untersuchen, findet exemplarisch die Migration einer CAN basierten, verteilten Regelung auf TTCAN statt. Zur Vereinfachung der Migration erfolgte die Entwicklung einer intelligenten Leiterkarte mit der Möglichkeit, CAN auf TTCAN umzusetzen. Dieses so genannte CAN-TTCAN-Gateway basiert auf dem MPC555, für den eine System-on-the-Chip-Variante des Echtzeit-Multitasking-Betriebssystems RTOS-UH entwickelt wurde. Die Implementierung der Gatewayfunktion selbst fand in PEARL90 statt. Des Weiteren behandelt der Beitrag Problemstellungen, die sich aus der erforderlichen Synchronisation zwischen dem Bus und dem verteilten Regelungssystem ergeben.

1 Einleitung

Die Anzahl elektronischer Bauteile im Automobilbereich nimmt stetig zu. Dies betrifft vor allem die Anzahl der Sensoren, Aktoren und Steuergeräte, aber auch Bauteile für den Unterhaltungsbereich und die Navigationshilfe. Um die große Menge an anfallenden Daten zu handhaben, kommen Bussystem zum Einsatz. Dabei ist jedoch ein Kompromiss zu finden zwischen ökonomischen Gesichtpunkten einerseits und technologischen Anforderungen andererseits, die sich etwa durch die Datenrate und die zu garantierende Sicherheit ergeben. Ein umfangreicher Vergleich zu den unterschiedlichen Buskonzepten findet sich etwa in [Ran02].
Für die Fahrdynamikregelung stellt der ereignisgesteuerte CAN Bus [CAN90] einen de facto Standard dar. Neuere Ansätze, wie die so genannten X-by-wire

Konzepte, erfordern höchst zuverlässige Architekturen, sodass sich die Nachfrage nach zeitgesteuerten Bussystemen erhöht hat. Für die angesprochenen Anwendungen bieten zeitgesteuerte Konzepte gegenüber der Ereignissteuerung einige Vorteile. So ist das Verhalten im Normalbetrieb deterministisch, da i.A. Zeitscheiben den Zugriff auf den Bus regeln (TDMA, Time Division Multiple Access). Damit lässt sich die Rechtzeitigkeit jeder Nachricht garantieren [Kop97]. Aus der Sicht der Automobilbranche ist eine weitere Eigenschaft von besonderem Interesse, nämlich die so genannte Zusammensetzbarkeit (composability). Da die Zugriffszeitpunkte vordefiniert sind, ist das Zeitverhalten auf dem Bus unabhängig von der tatsächlichen Buslast. Insbesondere sind die Abstände zwischen den Nachrichten stets konstant. Es ist daher möglich, Subsysteme unabhängig voneinander zu entwickeln (z.B. durch die Autobauer und die Zulieferer) und diese dann anschließend zum Gesamtsystem zusammenzuführen.

Selbstverständlich existieren auch Nachteile im Vergleich zur Ereignissteuerung, die eine wesentlich bessere Reaktionsfähigkeit auf asynchrone externe Ereignisse aufweist [AG03,AWG03]. Darüber hinaus bieten sie eine höhere Flexibilität. Einige Bus-Konzepte versuchen daher die Vorteile beider Ansätze (Ereignis- und Zeitsteuerung) zusammenzuführen, so etwa beim TTCAN [LH02,MFH+02] oder beim FlexRay [BBE+02]. Auf einen weiteren Vergleich zwischen Ereignis- und Zeitsteuerung sei an dieser Stelle verzichtet und stattdessen beispielsweise auf die Arbeiten [Kop00,APF02] verwiesen.

Wie bereits erwähnt, ist der CAN Bus im Automobilbereich sehr weit verbreitet. Um der Nachfrage nach zeitgesteuerten Architekturen gerecht zu werden, erfolgte eine Erweiterung des CAN Protokolls zu TTCAN (Time Triggered CAN), die ihren Niederschlag in der ISO-Norm ISO 11898-4 findet [ISO]. Inzwischen sind auch Silizium- Implementierungen des Protokolls erhältlich, z.B. von Bosch [Har02] oder Infineon [LKK03]. Die physikalische Ebene der TTCAN Kommunikation entspricht der von CAN. Da sich die Hardwarekomponenten für diese Ebene in millionenfacher Anwendung bewährt haben, lassen sich sämtliche Erfahrung mit der Entwicklung von CAN basierten Systemen nutzen. Des Weiteren erlaubt die TTCAN Spezifikation eine freie Skalierung zwischen Ereignis- und Zeitsteuerung, womit sich eine Migration vereinfacht.

Die im Folgenden erläuterte Studie soll zeitgesteuerte Architekturen für eine verteilte Regelung näher untersuchen. Als Beispielanwendung dient das Bosch Konzept VDM (Vehicle Dynamics Management) [TL02] zur globalen Fahrdynamikregelung. Die Idee des VDM besteht darin, mehrere Fahrdynamikregelungskonzepte zusammenzuführen, um so gleichzeitig die Fahrsicherheit, die Fahrstabilität und den Fahrkomfort zu erhöhen. Um eine effiziente Implementierung zu gewährleisten, ist eine adäquate Kommunikation zwischen den einzelnen Steuergeräten und Sensoren unumgänglich. Zurzeit findet eine mehr oder minder lose Kopplung per CAN statt. Im Rahmen der Studie findet die Migration zu TTCAN statt, um grundlegende Aspekte mit zeitgesteuerten Architekturen zu untersuchen. Der Artikel gliedert sich wie folgt:

Abschnitt 2 beschreibt kurz das VDM sowie die aktuelle Kommunikationsstruktur im Versuchsfahrzeug auf Basis von CAN. Des Weiteren erfolgt die Beschreibung einer denkbaren Architektur mit TTCAN. Da bislang keine TTCAN-fähigen Steuergeräte und Sensoren vorliegen, erfolgte die Entwicklung eines CAN-TTCAN-Gateways. Abschnitt 3 beschreibt die entsprechende Leiterplatte und die Verwendung des Gateways zur Realisierung der Migration von CAN auf TT-CAN. Anschließend widmen sich die Ausführungen dem Zeitverhalten des Gateways. Für eine effiziente Implementierung ist eine Synchronisation zwischen dem Bus mit allen beteiligten Knoten durchzuführen. Abschnitt 3.4 zeigt dazu beispielhaft die Synchronisation des Drehratensensors mit dem TTCAN Bus. Der Artikel endet mit einer Zusammenfassung in Abschnitt 4.

2 Vehicle Dynamics Management

Abbildung 1 illustriert das Konzept des Vehicle Dynamics Management (VDM), das einen Ansatz zur Koordination von Fahrdynamikregelungen darstellt. Es

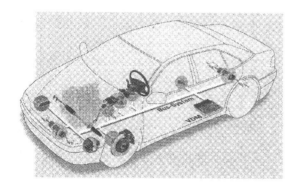

Abb. 1. Vehicle Dynamics Management mit den Komponenten ESP (**E**lectronic **S**tability **P**rogram) (Eingriff hauptsächlich über die Bremsen), AFS (**A**ctive **F**ront **S**teering) (Eingriff über den Lenkwinkel), EAR (**E**lectronic **A**ctive **R**oll **S**tabilizer), (Eingriff über die Stabilisatoren)

ist den einzelnen Regelungskonzepten überlagerte und verhindert negative Interferenzen zwischen den einzelnen Ansätzen, ohne deren Funktionalität zu beschränken. Somit gelingt es gleichzeitig, die Fahrsicherheit, die Fahrstabilität und den Fahrkomfort zu steigern. Augenblicklich erfolgt beim VDM die Betrachtung von drei Regelungsansätzen: Aktives Bremsen, aktives Lenken und aktiver Fahrwerkseingriff.

- Das Electronic Stability Program (ESP) stabilisiert die Bewegung hauptsächlich durch die Modulation der Bremsdrücke. Damit lassen sich gezielt Giermomente erzeugen und so die Querdynamik beeinflussen [Zan02]. Insbesondere besteht die Aufgabe des ESP darin, extremes Unter- und Übersteuern zu vermeiden, wenn das Fahrzeug zu schnell um die Kurve fährt oder bei glatten Fahrbahnen. Wichtige Sensoren sind der Drehratensensor (DRS), der die Gierrate und die Querbeschleunigung misst, sowie der Lenkwinkelsensor (LWS), der den Lenkwinkel und dessen zeitliche Ableitung liefert.
- Bei der aktiven Lenkung AFS (**A**ctive **F**ront **S**teering) erfolgt eine Veränderung des tatsächlichen Lenkwinkels an der Räder. Dazu ist an der Lenkstange ein Überlagerungsgetriebe eingebaut, das einen elektronisch berechneten

Lenkwinkel auf die Sollvorgabe des Fahrers addiert [KLS99]. Neben der Beeinflussung der Stabilität, die hauptsächlich in Querrichtung wirkt, lässt sich auch eine variable Lenkübersetzung realisieren. Das AFS dient somit nicht nur der Fahrsicherheit, sondern auch dem Komfort und dem Fahrvergnügen.

– Die Hauptaufgabe des EAR (Electronic Active Roll Stabilizer) besteht darin, Wankbewegungen zu unterdrücken [KLV99]. Als Aktor dienen Torsionsmotoren, die in die Stabilisatoren vorne und hinten eingebaut sind. Damit lassen sich Kräfte zwischen die Rädern und die Achsen einbringen.

Die einzelnen Systeme wirken teilweise auf unterschiedliche Dynamiken des Systems – es treten aber auch Verkoppelungen auf. Dabei können die einzelnen Regelungskonzepte miteinander kooperieren, konkurrieren oder auch lediglich koexistieren. Insbesondere beim Verbund der ersten beiden Ansätze (ESP und AFS) ist ein adäquater Datenaustausch (Kommunikation) erforderlich, um eine effiziente Arbeitsweise zu gewährleisten. Der Vernetzung kommt daher eine grundlegende Bedeutung zu.

Abbildung 2 zeigt die aktuelle Architektur eines Versuchsfahrzeuges mit der Kombination von ESP und AFS. Einige Sensorsignale benötigen das ESP und

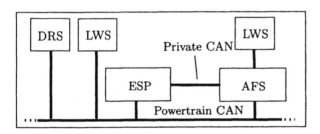

Abb. 2. VDM Architektur eines Versuchsfahrzeuges mit ESP und AFS

das AFS gemeinsam, so etwa die Radgeschwindigkeiten, die über den Powertrain CAN zur Verfügung stehen. Der Drehratensensor (DRS) und der Lenkwinkelsensor (LWS) kommunizieren auch über diesen Bus. Ein weiterer Lenkwinkelsensor ist am AFS angeschlossen und überträgt den echten Lenkwinkel (Addition aus Fahrerwunsch und Zusatzwinkel des AFS). Des Weiteren erfolgt die Übertragung von kritischen Daten zwischen dem ESP und dem AFS über eine so genannte Private CAN Verbindung (Bus mit nur zwei Teilnehmern).

Abbildung 3 illustriert eine für die Studie mögliche Architektur, bei der alle Sen-

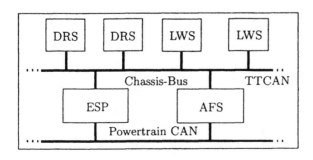

Abb. 3. Mögliche Architektur für die Laborstudie des VDM

soren am Chassis Bus anliegen (hier als TTCAN Bus). Diese Architektur stellt lediglich eine Laborstudie dar. Dabei sind möglichst viele Teilnehmer am Bus angeschlossen, um viele charakteristische Eigenschaften zeitgesteuerter Architekturen zu untersuchen. Die Ziele der Studie lassen sich wie folgt stichwortartig beschreiben:

- Generelle Untersuchung zeitgesteuerter Architekturen
- Untersuchung der Auswirkungen auf den Entwicklungsprozess
- Implementierung von Synchronisationsmechanismen zwischen dem Bus und den Sensoren sowie zwischen dem Bus und den Steuergeräten
- Untersuchungen zur Auswirkung zeitgesteuerter Architekturen in Bezug auf die Sicherheit und die Regelgüte

3 CAN-TTCAN-Gateway

Da bislang keine Sensoren oder Steuergeräte existieren, die TTCAN unterstützen, erfolgte die Realisierung einer intelligenten Leiterkarte, die sich als CAN-TTCAN-Gateway einsetzen lässt. Die Entwicklung fand im Rahmen einer Kooperation zwischen dem Institut für Regelungstechnik (IRT) der Universität Hannover und der Robert Bosch GmbH statt, wobei für die Leiterkarte zwei unterschiedliche Anwendungen im Fokus standen. Neben der hier beschriebenen Gateway-Anwendung kommt ein Teil der Platine am IRT bei einem Inertialsensor zur Stabilisierung von Servicerobotern zum Einsatz [SSAG03].

3.1 Beschreibung der Hardware

Die Leiterkarte basiert auf dem PowerPC-Mikrocontroller MPC555 [AW99]. Es kommt das Multi-Tasking Echtzeit-Betriebssystem RTOS-UH [Ger99] in seiner Variante als System-on-the-Chip zum Einsatz, das sich wie die Anwendungsprogramme im internen Flash EEPROM des Mikrocontrollers befindet und auch dort läuft [WAG01]. Ein Dateiverwaltungsprogramm erlaubt den einfachen Austausch von Anwendungsprogrammen mit Hilfe einer Terminal-Schnittstelle. Neben den zwei CAN Controllern des MPC555 befinden sich auf dem Board zwei stand-alone TTCAN Chips [Har02]. Damit sind folgende Anwendungen denkbar:

- 2 unabhängige CAN und 2 unabhängige TTCAN Knoten mit der Ausführung von Regelungsalgorithmen auf dem MPC555 (die Leiterkarte stellt Möglichkeiten zur digitalen und analogen Kopplung von Signalen zur Verfügung)
- 2 separate Eins-zu-Eins Verbindungen zwischen CAN und TTCAN (die beabsichtigte Gateway-Funktionalität)
- 2 CAN-CAN-Gateways (eventuell mit unterschiedlichen Datenraten)
- TTCAN-TTCAN-Gateway (eventuell mit unterschiedlichen Datenraten)
- fehlertoleranter (synchroner) Bus mit parallelen TTCAN Bussen
- Ankopplung an andere Medien, z.B. an Ethernet

Die Kommunikationsstruktur wird bei zeitgesteuerten Konzepten im Vorfeld definiert und zur Laufzeit i.A. nicht verändert. Dazu erfolgt beim Hochlauf des Systems die Initialisierung der TTCAN Chips über den Inhalt eines SPI-EEPROM (dieses lässt sich über die serielle Schnittstelle und implementierte Shellbefehle löschen und beschreiben); anschließend arbeiten die TTCAN Chips autonom. Lediglich die Daten der Nachrichten sind ggf. zur Laufzeit zu verändern.

3.2 Migration von CAN nach TTCAN

Zur Beschreibung der Gateway-Funktionalität sei die einfache Architektur in Abbildung 4 betrachtet. Hierbei kommunizieren zwei CAN Knoten (Knoten A

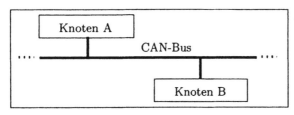

Abb. 4. CAN Bus mit 2 Knoten

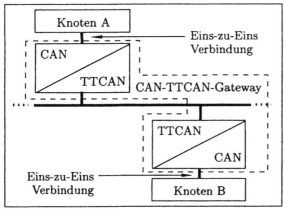

Abb. 5. Migration von CAN nach TTCAN

und B) über den CAN Bus. Zwischen den Knoten und dem physikalischen Bus wird nun entsprechend Abbildung 5 ein Gateway geschaltet (eine Leiterkarte realisiert zwei Gateways). Aus der Sicht der Knoten hat der CAN Bus nach wie vor Bestand. Jeder Knoten kommuniziert nun über eine Eins-zu-Eins (private) CAN-Verbindung mit einer definierte Gegenstelle. Aus der Sicht des Busses wurde jedoch eine zeitgesteuerte Kommunikation etabliert. Das Gateway hat im Wesentlichen zwei Aufgaben zu erfüllen. Einerseits sind über den TTCAN Bus eintreffende Nachrichten an die angestammten Empfänger weiterzuleiten. Andererseits besteht die Aufgabe darin, Sendenachrichten eines Knoten in die entsprechenden Zeitscheiben des TTCAN Busses zu platzieren.

3.3 Zeitverhalten

Abbildung 6 zeigt das Verhalten des Gateways entlang der Zeitachse für das Szenario aus Abbildung 5. Es ist eine Situation dargestellt, bei der eine für den

CAN-Knoten B bestimmte Nachricht am TTCAN Bus ankommt (oberstes Signal). Das zweite Signal stellt eine Interrupt-Leitung (IR) des TTCAN Chips dar. Mit seiner fallenden Flanke signalisiert der IR die Ankunft einer für den

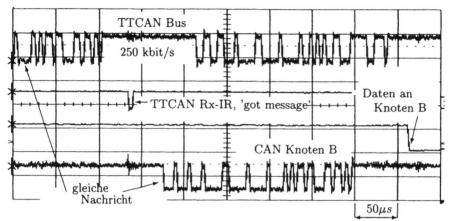

Abb. 6. Zeitverhalten des CAN-TTCAN-Gateways (Die Datenraten auf dem CAN und TTCAN Bus betragen jeweils 250 kbit/s).

Knoten B bestimmten Nachricht. Das Gateway wiederholt nun die Nachricht auf der Eins-zu-Eins CAN-Verbindung zu Knoten B (unterstes Signal). Das dritte Signal von oben zeigt mit dessen fallenden Flanke die Ankunft der entsprechenden Daten am Zielort (typischerweise eine Task, die auf die Daten wartet).

Die Wiederholung jeder Nachricht bedingt eine Latenzzeit. Da es sich aber um eine Eins-zu-Eins Verbindung zwischen dem Gateway und dem dedizierten Knoten handelt, gelingt stets der Zugriff auf den Bus und es treten keine Verzögerungen auf. Die Latenzzeit ist damit konstant[1], bekannt und damit im Vorfeld berücksichtigbar. Möchte ein Knoten eine Nachricht zu einem bestimmten Zeitpunkt verschicken, so müssen die notwendigen Daten bereits die bekannte Latenzzeit früher vorliegen. Wird eine Nachricht empfangen, so sind die entsprechenden Daten in Wirklichkeit eine Latenzzeit älter. Diese Tatsache muss/kann Berücksichtigung finden bei der Planung der Kommunikationsmatix, wenn das Gateway zur Anwendung kommt.

Der Oszilloskopaufnahme in Abbildung 6 entnimmt man eine Gesamtlatenzzeit von etwa $325\mu s$ bei der Datenrate 250 kbit/s. Für ein 1 Mbit/s System ist bei Nachrichten mit 8 Byte Nutzdaten mit einer Latenzzeit von etwa $200\mu s$ zu rechnen. Für die Beispielanwendung VDM bedeutet dies bei einer Zykluszeit von 20 ms eine Latenz von 1%. Dieser Wert ist nicht sehr kritisch und lässt sich, wie bereits erwähnt, a priori berücksichtigen. Insgesamt lassen sich also mit dem Gateway reine zeitgesteuerte Architekturen emulieren, wenn man die zusätzliche konstante Latenzzeit in die Planung einbezieht.

---

[1] Jitter kann nur bei einer Verschiebung des IRs auftreten. Da aber in diesem Beispiel außer der Gateway-Funktion keine weiteren Anwendungen laufen, kann höchstens der Timer-Interrupt zu einer Verzögerung führen (im μs-Bereich).

3.4 Synchronisation zwischen Bus und Sensor

Zeitgesteuerte Architekturen arbeiten nach einem vordefinierten Plan. Daher müssen alle Teilnehmer am Bus in der Lage sein, nach einem strikten Plan zu arbeiten. Andernfalls lässt sich nicht garantieren, dass die Daten aktuell sind. Dabei kann im Worst Case ein Verzögerung von einem gesamten Buszyklus auf-, treten (vgl. etwa [AWG03]). Da die beteiligten Knoten i.A. unterschiedliche Zeit-basen aufweisen (unterschiedliche Quarzoszillatoren usw.), besteht die Notwen-digkeit, alle Teilnehmer zu synchronisieren.

Typischerweise stellt der Bus den so genannten Zeitmaster dar, der die globale Zeit liefert. Alle Sensoren und Steuergeräte sind auf diese globale Zeitbasis zu synchronisieren. In den meisten Fällen genügt es, wenn man die entsprechende Synchronisation innerhalb eines Buszyklus lediglich einmal ausführt.

Als Beispielsanwendung des Gateways folgt nun die Synchronisation eines unbe-stimmten Steuergerätes (ECU) mit dem Drehratensensor (DRS) entsprechend Abbildung 7. Sie zeigt die Aktionen der beteiligten Stationen in Bezug zur Zy-

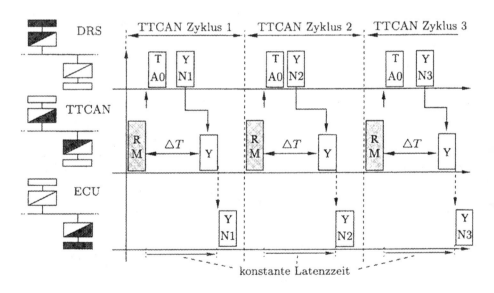

Abb. 7. Synchronisation des Drehratensensors MM1.1, resultierend in einer konstanten Latenzzeit (Anmerkung: Zeitachse ist verzerrt)

kluszeit auf dem TTCAN Bus. Obwohl der betrachtete Sensor MM1.1 nicht für zeitgesteuerte Architekturen konzipiert ist, lässt sich wie nachfolgend dargestellt eine Synchronisation vornehmen.

Es existieren zwei Varianten des Drehratensensors MM1.1. Mit der analogen Variante treten keine Probleme auf, da sich der aktuelle Messwert zu jedem beliebigen Zeitpunkt einlesen lässt. Die digitale Variante führt intern eine AD-Wandlung durch und liefert das Ergebnis auf Anfrage. Zu diesem Zweck ist eine Anforderung per CAN auf einer bestimmten ID (0xA0 in Abbildung 7) abzusetzen. Daraufhin liefert der Sensor die aktuelle Messung, wobei der Zeitverzug zwischen der Anfrage-Nachricht und der Ergebnis-Nachricht garantiert unter einer bestimmten Zeitschranke liegt. Damit lässt sich sicherstellen, dass eine aktuelle Messung zu einem bestimmten Zeitpunkt vorliegt. Wie Abbildung 7 zeigt, sind hierzu geeignete Zeitscheiben für die Anfrage und die Antwort im TTCAN Zyklus zu definieren. Damit ist eine konstante Latenzzeit zwischen diesen beiden Nachrichten garantiert. Konstante und bekannte Verzugszeiten lassen sich i.A. durch den Regelungsalgorithmus kompensieren.

Die Zeitachse in Abbildung 7 ist verzerrt, da in der aktuellen Anwendung die Zykluszeit 20ms, die konstante Latenzzeit jedoch etwa 1.5ms beträgt.

4 Zusammenfassung

Anhand des VDM, dem Boschkonzept für die verteilte Fahrdynamikregelung, soll eine zeitgesteuerte Architektur sowie deren Implikationen auf die Hardware, Software und den Entwicklungsprozess untersucht werden. Zurzeit ist die Regelung/Funktionalität des VDM mit Hilfe des CAN Busses realisiert. Es findet nun eine beispielhafte Migration auf TTCAN statt. Das Projekt teilt sich im Groben in vier Phasen.

Die erste Phase widmete sich dem grundsätzlichen Vergleich der Echtzeiteigenschaften von ereignis- und zeitgesteuerten Buskonzepten. Wie in [AWG03,AG03] dargestellt, ist es möglich, den Bus selbst als ein dynamisches System aufzufassen und dessen Frequenzgang zu messen. Daraus ließen sich dann charakteristische Eigenschaften wie die durchschnittliche Latenzzeit und der Jitter bei der Antwort auf asynchrone externe Ereignisse ableiten.

Die zweite Phase war Gegenstand dieses Artikels. Da bislang keine TTCAN-fähigen Steuergeräte und Sensoren vorliegen, erfolgte die Realisierung eines intelligenten CAN-TTCAN-Gateways. Auf diese Weise gelingt die Emulation eines vollständig zeitgesteuerten Systems. Wie gezeigt, sind lediglich konstante, jedoch a priori bekannte Latenzzeiten zu berücksichtigen.

Die letzten beiden Phasen des Projekts beinhalten zunächst Experimente im Labor und anschließend im Versuchsfahrzeug. Einige durchzuführende Arbeitsschritte sind das erwähnte Synchronisationsproblem und die Untersuchung der Auswirkungen auf den Entwicklungsprozess sowie der Effekte der Zeitsteuerung auf die Regelgüte.

Literatur

[AG03] A. Albert und W. Gerth. Evaluation and Comparison of the Real-Time Performance of CAN and TTCAN. *9th CAN in Automation Conference, iCC, München,* 2003.

[AWG03] A. Albert, B. Wolter und W. Gerth. Distinctness of Reaction – Ein Messverfahren zur Beurteilung von Echtzeitsystemen (Teil 2). *at – Automatisierungstechnik,* 51(10), Okt. 2003.

[APF02] L. Almeida, P. Pedreiras und J. Fonseca. The FTT-CAN Protocol: Why and How. *IEEE Transaction on Industrial Electronics,* 49(6):1189–1201, Dec 2002.

[AW99] A. Albert und B. Wolter. Multitalent MPC555: Schneller durch Gleitkommaeinheit. *Elektronik*, (15):48–53, 1999.

[BBE+02] R. Belschner, J. Berwanger, C. Ebner, H. Eisele, S. Fluhrer, T. Forest, T. Führer, F. Hartwich, B. Hedenetz, R. Hugel, A. Knapp, J. Krammer, A. Millsap, B. Müller, M. Peller und A. Schedl. *FlexRay – Requirements Specification*. FlexRay Consortium, Internet: http://www.flexray.com, Version 2.0.2, April 2002.

[CAN90] CAN. Controller Area Network CAN, an Invehicle Serial Communication Protocol. *SAE Handbook 1992, SAE Press*, pages 20341–20355, 1990.

[Ger99] W. Gerth. *Handbuch RTOS-UH Version 4.2*. Institut für Regelungstechnik, Universität Hannover, Internetversion: http://www.rtos.irt.uni-hannover.de/, 1999.

[Har02] F. Hartwich. *TTCAN IP Module User's Manual, Version 1.6*. Robert Bosch GmbH, Automotive Equipment Division 8, Development of Integrated Circuits (MOS), 2002.

[ISO] International Standardization Organization. ISO 11898-1 (Controller Area Network, Data Link Layer), ISO 11898-2 (High-Speed Transceiver), ISO 11898-3 (Fault-Tolerant Low-Speed Transceiver), ISO 11898-4 (Time-Triggered Communication).

[KLS99] M. Knoop, K.D. Leimbach und W. Schröder. Increased Driving Comfort and Safety by Electronic Active Steering. *SAE Active Safety TOPTEC, 27.-28.09.1999, Vienna*, pages 1–8, 1999.

[KLV99] M. Knoop, K.D. Leimbach und A. Verhagen. Fahrwerksysteme im Reglerverbund. *Tagung Fahrwerktechnik, Haus der Technik, Essen 17.-18.03.1999*, pages 1–10, 1999.

[Kop97] H. Kopetz. *Real-Time Systems – Design Principles for Distributed Embedded Applications*. Kluwer Academic Publishers Boston/Dordrecht/London, 1997.

[Kop00] H. Kopetz. A Comparison of CAN and TTP. *Annual Reviews in Control*, 24:177–188, 2000.

[LH02] G. Leen und D. Heffernan. TTCAN: A New Time-Triggered Controller Area Network. *Microprocessors and Microsystems*, 26(2):77–94, 2002.

[LKK03] P. Leteinturier, N.A. Kelling und U. Kelling. TTCAN from Applications to Products in Automotive Systems. *Proceedings of the SAE International Conference, paper ID 2003-01-0114*, pages 1–10, 2003.

[MFH+02] B. Müller, T. Führer, F. Hartwich, R. Hugel und H. Weiler. Fault-tolerant TTCAN networks. *CAN Newsletter, CiA*, pages 18,20,22,24,26,28, Juni 2002.

[Ran02] M. Randt, editor. *Workshop 'Bussysteme im Automobil' während der Electronics & Communication in Traffic Systems ECT2002*. Internetversion unter: http://www.carbussystems.de/, Juni 2002.

[SSAG03] R. Strasser, M. Seebode, A. Albert und W. Gerth. *Extrem kompaktes SoC-Konzept eines Gleichgewichtsorgans für einen Laufroboter*. Workshop über Realzeitsysteme, PEARL2003, Springer-Verlag, 2003.

[TL02] A. Trächtler und E. Liebemann. Vehicle Dynamics Management: Ein Konzept für den Systemverbund. *11. Aachener Kolloquium Fahrzeug- und Motorentechnik 2002*, 2002.

[WAG01] B. Wolter, A. Albert und W. Gerth. User-expandable, on-the-chip real-time operating system for high performance embedded mechatronic systems. *Proc. of the 1st IEEE Int. Conf. on Information Technology in Mechatronics, ITM'01*, pages 255–261, Okt. 2001.

[Zan02] A. van Zanten. Evolution of Electronic Control Systems for Improving the Vehicle Dynamic Behavior. *6th International Symposium on Advanced Vehicle Control, AVEC 2002*, 2002.

Extrem kompaktes SoC-Konzept eines Gleichgewichtsorganes für einen Laufroboter

R. Strasser[1], M. Seebode[2], A. Albert[3] und W. Gerth[4]

[1] Institut für Regelungstechnik, Universität Hannover
strasser@irt.uni-hannover.de,
Tel. 0511/762-3054
[2] Institut für Regelungstechnik, Universität Hannover
seebode@irt.uni-hannover.de,
Tel. 0511/762-4518
[3] Robert Bosch GmbH, Schwieberdingen
amos.albert@de.bosch.com,
Tel. 0711/811-43607
[4] Institut für Regelungstechnik, Universität Hannover
gerth@irt.uni-hannover.de,
Tel. 0511/762-4513

Zusammenfassung. Zur geeigneten Bahnplanung und Regelung eines zweibeinigen Roboters benötigt man einen Sensor, der – ähnlich dem Gleichgewichtsorgan des Menschen – die Lage und Orientierung im Raum messen kann. Dazu erfolgte der Aufbau einer Messapparatur, die im Wesentlichen aus drei Beschleunigungs- ,drei Drehraten- und drei Magnetfeldsensoren besteht. Das Problem der Sensorausrichtung für eine räumliche Messung lies sich auf einfache Weise durch einen geschickten Aufbau in Würfelform lösen. Dieser Artikel beschreibt den mechanischen und elektronischen Aufbau des Gleichgewichtsorgans, die zum Einsatz kommenden Sensoren sowie deren Kalibrierung. Die Bestimmung der gewünschten Lageinformation erfolgt durch Beobachter, die eine Kompensation von Sensordrift und Einbauungenauigkeiten ermöglichen. Die abschließenden Bemerkungen des Artikels widmen sich der leistungsfähigen Einheit aus dem Mikrocontroller MPC555 und dem Echtzeitbetriebssystem RTOS-UH in seiner Spezialversion SoC (System on the Chip). Erst diese Einheit erlaubte die kompakte Bauweise des Gleichgewichtsorgans.

1 Einleitung

Um eine adäquate Regelung zweibeiniger Laufmaschinen zu gewährleisten, ist die Kenntnis des Bewegungszustandes des Roboters erforderlich. Die ausschliessliche Verwendung von Kraftsensoren (Messung der Fußreaktionskräfte) zur Regelung ist äußerst schwierig und in den meisten Fällen unmöglich, da der Untergrund zur Schwerpunktsbestimmung bekannt sein muss. Aus diesem Grund wurde am Institut für Regelungstechnik ein Gleichgewichtsorgan entwickelt, welches zur Regelung zweibeiniger Laufmaschinen verwendet werden kann. Im Hinblick auf die Roboteranwendung wurde bei der Entwicklung besonderer Wert auf kleine Abmessungen und geringes Gewicht gelegt. Es entstand ein Gleichgewichtssensor mit den Abmessungen 7cm x 7cm x 7cm und einem Gewicht von etwa 200g. Als Rechnerplattform kommt eine MPC555-Leiterkarte zur Anwendung, die in Zusammenarbeit mit der Firma Robert Bosch GmbH entwickelt wurde. Da sich auf der Platine keine RAM- oder FLASH-Bausteine befinden, konnte das am Institut entwickelte RTOS-UH[1] in der Spezialform als SoC eingesetzt werden. Der Beitrag behandelt die Auswahl der Sensoren, die Verbesserung der Messgenauigkeit des MPC555 zur Auswertung der Sensorsignale, den Entwurf eines nichtlinearen Beobachters zur Lageschätzung und die Struktur des SoC für die Auswertung des Gleichgewichtsorganes. Erste Resultate lassen vermuten, dass es der Sensor, trotz seiner geringen Kosten von ungefähr 500$, mit teuren Sensoren aufnehmen kann.

2 Auswahl der geeigneten Sensoren

Schon seit Jahren werden besonders in der Luft- und Raumfahrt Inertialsensoren verwendet, die den Bewegungszustand des Flugobjektes erfassen können. Diese basieren meist noch auf mechanischen, kreiselstabilisierten Trägheitsplattformen. In neueren Systemen kommen feststehende Sensoren zum Einsatz. Aus diesem Grund spricht man dann von einer 'Strapdown[2] Inertial Measurment Unit' (kurz: IMU). Im Zusammenhang mit zweibeinigen Laufrobotern entspricht eine IMU einem künstlichen Gleichgewichtsorgan, dessen Aufgabe, wie beim Menschen, darin besteht, das Gleichgewicht zu halten. Doch welche Sensoren sind geeignet? Welche Bezugspunkte gibt es? Die Orientierung eines Körpers lässt sich, ausgehend von einer Anfangsposition, durch Integration seiner Winkelgeschwindigkeiten berechnen. Diese sind durch Drehratensensoren messbar, welche aber je nach Preis in ihrer Bandbreite und Genauigkeit unterschiedlich sind. Der biologisch inspirierte Aufbau ist zu verwerfen, da die sich bewegenden Flüssigkeiten zur Bewegungsdetektion eine störende Eigendynamik aufweisen und damit den Messaufbau verkomplizieren. Die Technik bietet mittlerweile kleine, verhältnismäßig genaue und schnelle Sensoren, die wesentlich günstigere Eigenschaften aufweisen ([TW97]).

Drehratenmesssignale können folgendermaßen beschrieben werden:

$$\dot{\phi}_{mess}(t) = \dot{\phi}_{wahr}(t) + d(t)$$

Der problematische Anteil ist $d(t)$, die zeitvariable Sensordrift. Integriert man das Messsignal $\dot{\phi}_{mess}(t)$ auf, so entsteht ein Integrationsfehler $\Delta\phi$ der Form

$$\Delta\phi = \int_0^t c(t)\, dt \quad .$$

Teure Sensoren driften im Bereich von wenigen Grad pro Stunde bis zu Bruchteilen von Grad pro Jahr, billige hingegen können schon mal 10 Grad pro Minute

---

[1] Real Time Operating System - Universität Hannover
[2] Strapdown: festgeschnallt

driften. Dies führt schon nach kurzer Zeit zu unbrauchbaren Ergebnissen. Man benötigt somit Referenzen, um solche Integrationsfehler zu kompensieren. Der erste Bezugspunkt ist die Erdbeschleunigung mit der sich zwei Achsen kompensieren lassen. Dreht sich ein Körper jedoch genau um diesen Gravitationsvektor, kann die dritte Achse nicht kompensiert werden, da kein weiterer stehender Referenzvektor zur Verfügung steht. In diesem Fall wäre die zusätzliche Referenz zum Beispiel ein elektronischer Kompass. Einfache Regelungen funktionieren so natürlich nur für unbeschleunigte Sensoren, da der Gravitationsvektor sonst falsch gemessen wird. Ebenfalls muss dafür gesorgt sein, dass die Umgebung nicht durch magnetische Störfelder verunreinigt ist. Auf die einzelnen ausgesuchten Sensoren wird im Folgenden näher eingegangen.

2.1 Beschleunigungssensoren

Zur Detektion der Erdbeschleunigung kommen mikromechanische Beschleunigungsmesser zum Einsatz. Sie haben den Vorteil, dass ihre Eigendynamik relativ klein ist und somit für langsam veränderliche Bewegungen nicht mitmodelliert werden muss. Durch den später noch beschriebenen Aufbau bedingt sollen diese Sensoren die Beschleunigung horizontal zur Montageebene messen. Es ist dann einfacher, einzelne Achsen zu kalibrieren. Zur Anwendung kommen drei zweiachsige Sensoren vom Typ ADXL202 der Firma Analog Devices, deren Achsen einen Messbereich von jeweils $\pm 2g$ aufweisen. Die zwei Beschleunigungsmessungen je Raumrichtung dienen zur Signalverbesserung durch Mittelung. Diese Sensoren liefern am Ausgang entweder ein analoges oder ein digitales Signal. Aus störungs- und auswertungstechnischen Gründen, wird das digitale Signal bevorzugt.

2.2 Drehratensensoren

Drehraten können auf verschiedene Art und Weise gemessen werden. Teure optische Sensoren verwenden Laufzeitunterschiede von Licht, preiswerte Sensoren sind hingegen oft mikromechanisch aufgebaut. Sie nützen die Corioliskraft eines vibrierenden Gegenstandes zur Messung aus. Da der Gesamtsensor preiswert werden sollte, wurden drei 'low cost' Drehratenmesser getestet. Von Murata der ENC-03 und der ENV-05 und von Analog Devices der neue ADXRS-150. Da der ENC-03 von Murata im Vergleich zu den anderen stark abgefallen ist, wird auf diesen Sensor nicht weiter eingegangen. Die Rauschleistungsdichte, die Drift und die Dynamik wurden untersucht ([See03]). Zur Auswertung wurde der A/D-Wandler des Motorola Mikrocontrollers MPC555 verwendet. Dieser hat eine Auflösung von nur 10 Bit, was zu ungenau ist. Abb. 1 zeigt die Anordnung mit einem zusätzlichen 12-bit D/A-Wandler, um genaue Messergebnisse zu erhalten.

Durch diese Konfiguration kann die Auflösung je nach eingestellter Verstärkung des Operationsverstärkers auf über 14-bit erhöht werden.

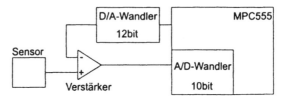

Abb. 1. Abtastung der Drehratensignale

Als erstes wurde die Drift untersucht. Wird der Drehratensensor abgeglichen und dieses Signal dann einfach aufintegriert, so kann die Driftrate verglichen werden (Abb. 2 links). Es zeigt sich, dass der ENV-05 sehr viel konstanter driftet als der ADXRS-150.

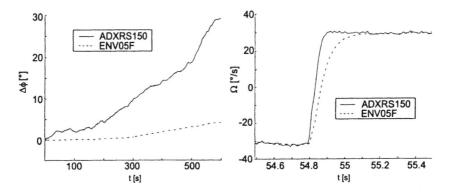

Abb. 2. Vergleichsmessungen

Abb. 2 rechts zeigt einen Dynamikvergleich. Es wurde ein Drehratensprung als Anregung auf beide Sensoren gegeben. Beide Sensoren waren auf eine Bandbreite von 10Hz eingestellt. Es ist zu erkennen, dass der ADXRS-150 trotzdem eine höhere Dynamik aufweist, aber stärker rauscht. Das Signal des ENV-05 ist also stärker tiefpassgefiltert. Wird der ENV-05 durch Polverschiebung auf eine Eckfrequenz von ebenfalls 10Hz korrigiert, ist sein Signal allerdings immer noch besser, wenn man die Rauschleistungsdichte miteinander vergleicht. Aus diesem Grund wurde der ENV-05 für den Gleichgewichtssensor verwendet.

2.3 Magnetfeldsensoren

Als Magnetfeldsensor dient der KMZ- 51 von Philips. Durch seine spezielle Architektur (Abb. 3) hat er einige Vorteile im Vergleich zu anderen Magnetfeldsensoren. Die Flipspule ermöglicht durch einen Polarisierungsstrom (I_F) den Vorzeichenwechsel der Empfindlichkeit. Der unbekannte Offset kann dadurch bestimmt und kompensiert werden. Durch den Kompensationsstrom I_C kann der Sensor immer zu Null abgeglichen werden. Das hat den Vorteil, dass Temperatureinflüsse vernachlässigbar sind, da im Nullpunkt eine Temperaturunabhängigkeit besteht.

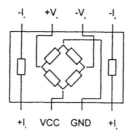

Abb. 3. Interner Aufbau des KMZ-51

Der magnetische Kompass sollte unbedingt im zusammengebauten Zustand kalibriert werden, da so der Einfluss des Eigenfeldes des Gesamtsensors herausgerechnet werden kann.

3 Spannungsversorgung und Kalibrierung

Um eine genaue Kalibrierung durchzuführen, müssen auch die zur Verfügung stehenden Spannungen möglichst stabil und rauscharm sein; besonders die Spannungen für die analoge Signalauswertung. Der Rippel dieser Spannungsversorgungen muss auf jeden Fall kleiner sein als das Rauschen der Sensoren. Aus diesem Grund wurde die bereits sehr gute Schaltregler-Versorgung von 5V durch ein entkoppelndes LC-Filter (Rippleunterdrückung) weiter geglättet. Was bei allen Sensoren erstmal berechnet werden muss, sind Skalierungsfaktor und Offset. Man benötigt dabei eine Plattform, die sehr genau Winkel messen kann. So kann man über eine einfache Ausgleichsrechnung die Kalibrierungsfaktoren ermitteln. Für eine lineare Abhängigkeit lässt sich ansetzen:

$$sig_{mess} = a \cdot sig_{wahr} + b$$

Nimmt man eine Messreihe auf, so kann man obige Formel auf folgende Form bringen.

$$\underbrace{\begin{bmatrix} sig_{mess_1} \\ sig_{mess_2} \\ \vdots \end{bmatrix}}_{p} = \underbrace{\begin{bmatrix} sig_{wahr_1} & 1 \\ sig_{wahr_2} & 1 \\ \vdots & \vdots \end{bmatrix}}_{M} \cdot \underbrace{\begin{bmatrix} a \\ b \end{bmatrix}}_{s}$$

Mit Hilfe der Pseudoinversen ergibt sich für s

$$s = (M^T M)^{-1} M^T \cdot p \quad .$$

Diese Art der Kalibrierung funktioniert für alle Sensoren, wobei man für die Drehratensensoren auch die Integrale der Messspannungen verwenden kann.

4 Aufbau des Gleichgewichtssensors

Wie bereits in Abschnitt 1 erwähnt, besitzt der Gleichgewichtssensor die Form eines Würfels mit der Kantenlänge 7cm (siehe Abb. 4). Drei Seiten sind bis auf Bestückungsoptionen identisch aufgebaut und mit den beschriebenen Beschleunigungs-, Drehraten- und Magnetfeldsensoren bestückt. Die Platinen haben alle dieselbe Form, sodass durch Zusammenstecken direkt das geforderte Koordinatensystem aufgespannt wird.

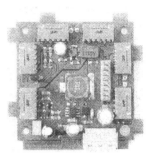

Abb. 4. Links: Gesamtsensor, Rechts: Die in Abschnitt 3 beschriebene Spannungsversorgung.

Abb. 5 zeigt die fünfte Würfelseite des Gleichgewichtssensors.

Abb. 5. Prozessorplatine

Diese Leiterkarte, die in Kooperation mit der Firma Robert Bosch GmbH entwickelt wurde [AS03], stellt den MPC555, den 12-bit A/D-Wandler und ein SPI-EEPROM zur Verfügung. Auf die Verwendung des Betriebssystems RTOS-UH in der Spezialversion SoC auf dieser Leiterkarte wird in Abschnitt 6 eingegangen.

5 Lageschätzung durch Beobachter

Sind alle Sensoren soweit kalibriert, dass sie optimale Messergebnisse liefern, kann die Auswertung in Angriff genommen werden. Die Aufgabe besteht darin,

aus den gemessenen Drehraten durch Integration die Sensorlage im Raum zu bestimmen und gewisse Ungenauigkeiten, verursacht durch Skalierungsfehler oder
die Drift, gegebenenfalls zu kompensieren. Als sehr robust und für eine erste
Inbetriebnahme verhältnismäßig einfach zu implementieren erweist sich folgender Ansatz zur Orientierungsschätzung, den Abb. 6 im Blockschaltbild erläutert.
Die Drehraten werden durch Polverschiebung in ihrer Dynamik verbessert, an-
schliessend durch eine Transformationsmatrix in das Umweltkoordinatensystem
transformiert und durch Integration in Winkel umgerechnet. Diese Winkel werden mit denen aus der Beschleunigungs- und Kompassmessung verglichen. Durch
die Rücktransformation dieser Differenz ins Sensorkoordinatensystem kann über
PI-Regler auf die Drehratenmessung eingewirkt werden. Dabei wird die Sensordrift automatisch im I-Anteil der Regelung mitbeobachtet.

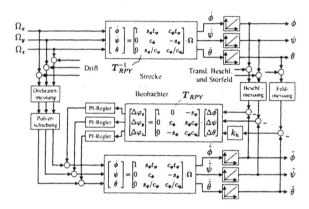

Abb. 6. Struktur des Beobachters in zeitkontiuierlicher Darstellung

6 System on the Chip (SoC)

Die Erläuterungen der vergangenen Abschnitte lassen erahnen, welch hoher Umfang an Rechenoperationen zur Betriebszeit des Gleichgewichtssensors (Inertialsensoren) anfällt. Zu nennen sind etwa die Ausführung der Drehtransformationen
zur statischen Kompensation von Fertigungsungenauigkeiten, die Signalaufberei-
tung durch geeignete Filter oder auch die Stützung der Drehratensignale durch
eine dynamische Kompensation. Neben dem Umfang der Rechenoperationen ist
auch die hohe Abtastfrequenz zur Erzielung einer hinreichenden Dynamik (Bandbreite) zu berücksichtigen.
Zur Bewältigung dieser Anforderungen bietet der PowerPC-basierte Mikrocontroller MPC555[3] mit seiner 64-Bit-Gleitkomma-Recheneinheit (FPU) und der einem MC68060/50MHz vergleichbaren Rechenleistung eine ideale Lösung [AW99].
Die im Chip integrierten Module erlauben in einfacher Weise das Einlesen der

---

[3] Der MPC555 kommt auch für die Steuerung und Regelung der bislang am Institut
für Regelungstechnik entwickelten Serviceroboter zum Einsatz [Alb02].

erforderlichen Signale in digitaler (z.B. Messung des Duty-Cycles der Beschleunigungssensoren) und analoger Form (z.B. Messung der Drehrate nach Abschnitt 2.2). Die Ausgabe des Inertialsensors findet per CAN statt. Die Integration der Module im MPC555 reduziert den externen Schaltungsaufwand auf ein Minimum. So sind auf der gemeinsam vom Institut für Regelungstechnik und der Robert Bosch GmbH entwickelten Platine neben einigen Bauteilen für die Spannungsstabilisierung und einem Quarzoszillator lediglich ein Treiberbaustein für die seriellen Schnittstellen, ein Physical-Layer Baustein für CAN, ein 8-Kanal 12Bit-DA-Wandler sowie ein SPI-EEPROM als nichtflüchtiger Speicher zur Ablage von Initialisierungsdaten ausgeführt. Damit gelang die Realisierung der Leiterplatte auf der Fläche, die einer Würfelseite des Inertialsensors entspricht.

Speziell für die Belange des in diesem Artikel beschriebenen Inertialsensors erfolgte bereits 2001 die Entwicklung einer Spezialvariante des RTOS-UH als so genanntes System-on-the-Chip (SoC) [WAG01]. Bei der SoC-Variante ist kein externer Speicher erforderlich. Sowohl das Betriebssystem als auch die Anwenderprogramme befinden sich im internen Flash des Mikrocontrollers und werden auch dort ausgeführt. Die Entwicklung des SoC erforderte einige Modifikationen des RTOS-UH. Beispielsweise lässt sich nun der Speicherbereich, der unter Verwaltung des Betriebssystems steht, beliebig platzieren. Bislang wurden beim SoC die Anwenderprogramme zusammen mit den erforderlichen Systemkomponenten gelinkt und dann als vollständiges Image in das interne Flash gebrannt. Dies gelang verhältnismäßig einfach, da die für die Entwicklung verwendete Leiterkarte über einen hinreichend großen SRAM verfügte, in den das gesamte Image zunächst geladen und anschließend 'en bloc' gebrannt werden konnte.

Bei der nun vorliegenden Leiterplatte des Inertialsensors sind keine externen Speicher vorgesehen. Lediglich 26 kByte interner SRAM stehen auf dem MPC555 zur Verfügung. Um das interne Flash zu brennen, findet eine entsprechende Code-Ausführung in diesem SRAM statt. Über die serielle Schnittstelle erfolgt die Übertragung der zu brennenden Daten. Zusätzlich wurde nun auch eine Dateiverwaltung im internen Flash EEPROM realisiert, die das nachträgliche Brennen und Löschen von einzelnen Anwenderprogrammen ermöglicht. Abbildung 7 zeigt den Speicheraufbau des MPC555.

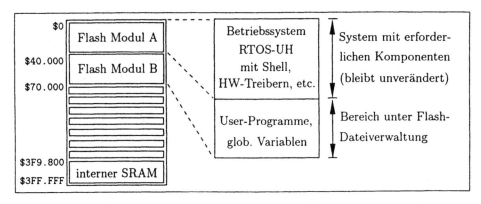

Abb. 7. Speicheraufbau des MPC555 bei Verwendung als SoC

Im oberen Adressbereich (ab Offset $3F9.800) befindet sich der 26 kByte große SRAM. Zur Laufzeit des Systems veränderliche Werte können nur dort abgelegt werden. Dies beinhaltet u.a. die Variablen und Speicherbereiche für die Betriebssystemverwaltung (der so genannte 'RTOS-Sumpf'), das RAM-Filesystem, die Task-Arbeitsbereiche oder etwa die Ablage modulweiter Variablen. Darüber hinaus besteht zu Testzwecken die Möglichkeit, kleinere Programme über die serielle Schnittstelle zu laden.

Im unteren Bereich befindet sich das 448 kByte große Flash, das in die Module A und B aufgeteilt ist. Das Modul A wird i.A. nur einmal gebrannt. Dort befindet sich das Betriebssystem einschließlich nützlicher Komponenten, wie etwa die Eingabe-Shell und die Hardware-Treiber. Das Modul B ist der Ablage von Anwenderprogrammen gewidmet.

Für die bereits erwähnte Flash-Dateiverwaltung erfolgte die Implementierung von 4 Shellbefehlen: DIR_UP zeigt den Inhalt des internen Flashs an, FL_UP liest neue Anwenderprogramme über die serielle Schnittstelle ein und brennt diese 'on-the-fly', RM_UP dient dem Entfernen von Anwenderprogrammen und CLR_FL löscht das gesamte Modul B und führt eine Grundinitialisierung für die Dateiverwaltung durch. Da nach Datenblatt des MPC555 lediglich das 100fache Beschreiben des internen Flashspeichers garantiert wird, ist eine effiziente Dateiverwaltung erforderlich, die mit möglichst wenigen Löschzyklen auskommt.

Hierbei erwies sich das Scheibenkonzept von RTOS-UH als sehr hilfreich, mit dem der Anwender das System für seine speziellen Belange erweitern kann. Während der Hochlaufphase sucht das System in einer festgelegten Reihenfolge nach so genannten Scheiben, die durch die Signalmarke AEB1 BF95 gekennzeichnet sind. Die darauf folgende Zahl charakterisiert den Typ der Scheibe. Wie Abbildung 8 zeigt, sind für die Flash-Dateiverwaltung nur 3 Scheiben von Bedeutung. Der erste dargestellte Typ (03E7) fordert Speicherplatz für modul-

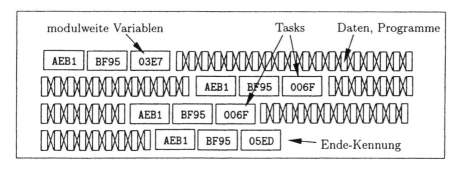

Abb. 8. Anwenderprogramme im internen Flash

weite Variablen im SRAM an und initialisiert die Variablen. Ein weiterer Scheibentyp definiert Tasks (Typ 006F). Diese werden beim Systemhochlauf in die Taskverwaltung des Systems eingekettet. Erfolgte die Übersetzung der Task mit dem MAIN-Attribut, so startet diese automatisch nach dem Hochlauf. Die letzte Scheibe (Typ 05ED) signalisiert das Ende des aktuell verwendeten Flashspeicher-Bereichs. Für das Entfernen von Komponenten ist es lediglich erforderlich, die entsprechende Scheibenkennung unkenntlich zu machen – etwa durch das Über-schreiben der Signalmarke AEB1 BF95 mit 0000 0000. Das Umwandeln einer Speicherzelle vom Zustand '1' in den Zustand '0' gilt nicht als Löschoperation. Somit wird die 'echte' Löschoperation erst dann erforderlich, wenn das gesamte Modul B aufgebraucht ist.

7 Zusammenfassung und Ausblick

Der Aufbau eines Inertialsensors auf Basis von 'Low Cost-Sensoren' ist nicht tri-vial, da die geringere Genauigkeit und höhere Störempfindlichkeit preisgünstiger Sensoren durch einen Mehraufwand bei den Algorithmen nur zum Teil zu kom-pensieren ist. Ein allgemeines Problem bei der Kalibrierung von Inertialsensoren ist die Durchführung geeigneter Messungen, die es ermöglichen, bestmögliche Regler- und Filterparameter zu ermitteln. Für die statischen Analysen erfolgte am Institut der Aufbau einer entsprechenden Messvorrichtung. Für die Ermitt-lung dynamischer Parameter hat sich die Kooperation mit der Firma Robert Bosch GmbH als sehr hilfreich erwiesen. So gelang es, hochdynamische Messfahr-ten mit einem Kraftfahrzeug auf einem Testgelände durchzuführen, um im Nach-hinein die Messsignale mit denen eines hochwertigen kommerziellen Inertialsen-sors zu vergleichen. Auf Basis der so gewonnenen Messreihen findet gegenwärtig die Auswertung und Kalibrierung des Institutssensors statt. Erste Resultate las-sen ein sehr gutes Preisleistungsverhältnis des entwickelten Inertialsensors ver-muten. Zudem steht in Kürze die Systemintegration am zweibeinigen Roboter des Institutes an.

Literatur

[AW99] A. Albert und B. Wolter. *Multitalent MPC555: Schneller durch Gleitkom-maeinheit.* Elektronik, (15):48–53, 1999.

[Alb02] A. Albert. *Intelligente Bahnplanung und Regelung für einen autonomen, zwei-beinigen Roboter.* VDI Fortschritt-Berichte, Reihe 8 Mess-, Steuerungs- und Rege-lungstechnik, Nummer 927, 2002.

[WAG01] B. Wolter, A. Albert und W. Gerth. *User-Expandable, On-The-Chip Real-Time Operating System for High Performance Embedded Mechatronic Systems.* Pro-ceedings of the 1st IEEE Int. Conf. on Information Technology in Mechatronics, ITM'01, S. 255–261, 2001.

[AS03] A. Albert und R. Strasser. *Realisierung einer zeitgesteuerten, verteilten Regelung mit einem CAN-TTCAN-Gateway.* Workshop über Realzeitsysteme, PEARL2003. Springer-Verlag, 2003.

[TW97] D. H. Titterton, J. L. Weston. *Strapdown Inertial Navigation Technology.* Published by Peter Peregrinus Ltd. 1997.

[See03] M. Seebode. *Entwicklung, Aufbau und Inbetriebnahme eines künstlichen Gleichgewichtsorganes für den Einsatz auf autonomen Servicerobotern.* Diplomar-beit (unveröffentlicht), Institut für Regelungstechnik. 2003.

Untersuchung des Standes des Paradigmenwechsels hin zur Objektorientierung im Bereich von Echtzeitanwendungen

Juliane Benra

Fachhochschule Oldenburg / Ostfriesland / Wilhelmshaven
Standort Wilhelmshaven
Fachbereich Ingenieurwissenschaften
Friedrich-Paffrath-Str. 101
26389 Wilhelmshaven
benra@fbe.fh-wilhelmshaven.de

Abstract. Mittlerweile ist die objektorientierte Programmierung in vielen Bereichen der Softwareentwicklung zum Stand der Technik avanciert. Es gibt jedoch einige Anwendungsbereiche, wie z.B. die Echtzeitdatenverarbeitung, in denen dieser Entwicklung besondere Hindernisse entgegenstehen. Dazu gehören besonders harte Zeitanforderungen und vielfach die Notwendigkeit auf speziellen Betriebssystemen aufzusetzen.

Das beschriebene Vorhaben untersuchte, ob und in welchem Masse in Praxisprojekten aus dem Bereich der Echtzeitdatenverarbeitung objektorientiert entwickelt wird. Es handelte sich um eine empirische Befragung von Industriefirmen, die echtzeitrelevante Software entwickeln.

Insbesondere interessierten die Anforderungen, die hinsichtlich der Vorbildung von neuen Mitarbeitern von Seiten der Industriebetriebe geäußert wurden. Weiterhin wurden die Erfahrungen betrachtet, die bei der Umstellung in Richtung objektorientierte Entwicklung gemachten wurden.

Projektbeschreibung

Die Realisierung des Vorhabens erfolgte in folgenden Schritten:
- Recherche und Auswahl geeigneter Firmen
- Erstellen eines Fragebogens
- Versenden des Fragebogens
- Verfolgen des Fragebogenrücklaufs
- Bewertung der rückläufigen Fragebogen
- Aufbereiten der empirischen Daten

Recherche und Auswahl geeigneter Firmen

Geeignete Firmen wurden auf zwei verschiedenen Wegen ermittelt: Zum einen wurden bereits bestehende persönliche Kontakte (durch Diplomarbeiten, Messebesuche, Tagungen etc.) ausgewertet. Zum anderen wurde das Internet systematisch auf Firmen eines entsprechenden Profils untersucht.

Profil der Firmen für die Internetrecherche:
> Gesucht wurden Firmen, die echtzeitrelevante Themen bearbeiten und dabei (auch) einen erheblichen Softwareanteil erbringen. Anwendungsgebiete können, z.B. Automatisierung, Prozessvisualisierung, Simulation, etc. sein. Primär betriebswirtschaftlich ausgerichtete Anwendungen wurden nicht berücksichtigt. Die übliche Programmierung sollte in einer Hochsprache erfolgen und das Zielsystem über ein Betriebssystem verfügen. Es sollten möglichst Firmen aus verschiedenen Anwendungsgebieten untersucht werden und auch von einer unterschiedlichen Unternehmensgröße. Die Suche erfolgte über spezielle Internetseiten und über Suchmaschinen. Bei der Suche der Firmen beschränkte man sich im Wesentlichen auf den deutschen Raum.

Nach der Internet-Recherche blieben 160 Firmen, die dem Profil entsprachen. Die 21 Firmen, die über persönliche Kontakte angesprochen werden konnten, befanden sich unter diesen 160 Firmen. Daher wurden insgesamt 160 Firmen kontaktiert.

Fragebogen-Erstellung -Versendung und -Verfolgung

Die Entwicklung des Fragebogens erfolgte nach Kriterien, die durch die empirische Sozialforschung vorgegeben sind [1]. So entstand eine empirische Untersuchung, die deskriptiv die gegenwärtige Situation in der Industrie bezüglich der Entwicklung von Echtzeitsoftware erhebt. Zu einer solchen Erhebung gehört auch die Plausibilitätsprüfung der erhaltenen Ergebnisse, die unter der Überschrift "Bewertung" zu finden ist. Neben nominalen Fragen, die eine Klassifikation der befragten Firma ermöglichen (wie etwa der Zuordnung zu einem bestimmten Anwendungsgebiet), sind insbesondere offene Fragen genutzt worden. Dies ermöglicht z.B. die Erfassung der eingesetzten Programmiersprachen, ohne eine einschränkende Vorauswahl zu treffen.

In einem Anschreiben[2] wurden das Thema der Befragung, der Zusammenhang zwischen Thema, Verwertungsziel und das eigene Interesse der Befragten dargelegt. Neben einer Begründung für die Auswahl des Empfängers wurde die Anonymität garantiert und ein Rücksendetermin festgelegt. Die Anschreiben für persönlich

---

[1] Siehe dazu die Literaturliste
[2] Siehe dazu [Kirchhoff2000; 29]

bekannte Empfänger wurden individualisiert, für nicht bekannte Adressaten wurde ein Standardschreiben verwendet.

Die Versendung erfolgte elektronisch, der Fragebogen war als Excel-Datei beigefügt. Das Excel-Format wurde gewählt, um die spätere Auswertung der Rückläufer zu erleichtern.

Ca. drei Wochen nach dem genannten Rücksendetermin wurde bei Nichtreaktion eine Erinnerungsmail gesendet und erneut um die Bearbeitung des Fragebogens gebeten. Nach dieser erneuten Erinnerung war die Rückläuferanzahl von 12 Fragebögen immer noch äußerst enttäuschend. Daher wurde eine Post-Mailing-Aktion gestartet, bei der die 50 Firmen, die gemäß ihrem Profil am ehesten interessant erschienen und bisher noch nicht geantwortet hatten, erneut angeschrieben wurden. Beigelegt wurde der Fragebogen in Papierform, sowie ein freier Rückumschlag. Dieses Vorgehen brachte weitere 12 Rückläufer.

Anschließend erfolgte die Auswertung der zurückgesendeten Fragebögen.

Bewertung der rückläufigen Fragebogen

Die Auswertung betrifft drei Aspekte:
* Festlegen von absoluten Häufigkeiten
* Untersuchen der Plausibilität /Konsistenz/ Qualität der gemachten Aussagen
* Erfassen von Zusammenhängen durch Betrachtung von Korrelationen

Feststellen von Häufigkeiten

Bis auf eine Firma entwickelten alle Firmen, die den Fragebogen beantwortet hatten, Software. Die Anwendungsbereiche betrafen Automatisierung, Simulation und Kommunikation. Darüber hinaus wurden weitere Bereiche genannt, wie z.B. Datenbanken. Als spezielle Echtzeitentwickler bezeichneten sich 20 Firmen, wobei 14 sich in ihren Anforderungen eher in die harte Echtzeitanforderungen einreihen, 6 in die weichen. Die meisten Firmen (17) entwickeln Software, die auf Betriebssystemen aufsetzt. Die Projektgrößen schwanken zwischen kleinen Projekten und eher mittleren Projekten. Die Anzahl der and der Softwareentwicklung beschäftigten Personen ist weit gestreut. Hochschulabsolventen überwiegen - im Vergleich dazu sind Entwickler mit fachspezifischem Ausbildungsberuf eher selten zu finden. Immerhin geben mehr als die Hälfte der Firmen an, dass 90% ihrer Mitarbeiter einen fachspezifischen Hochschulabschluss haben. Die Entwicklungsteams sind eher jung, Schwerpunkt der Berufserfahrungszeit liegt bei 2-5 Jahren; unter 5 Jahren liegen sogar mehr als 50 %.

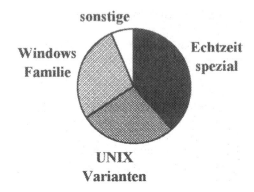

Fig. 1. Ziel-Betriebssysteme der entwickelten Applikationen

Betrachtet man die Firmen, die angeben (auch) Objektorientierte Analyse- und Designmethoden einzusetzen (ca. die Hälfte), fällt es auf, dass - bis auf eine Firma - alle während des Beschäftigungsverhältnisses selbst in die Weiterbildung der Mitarbeiter in diesem Bereich investierten. Unter den verwendeten Methoden und Werkzeugen werden genannt:

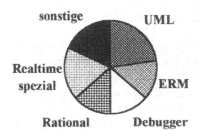

Fig. 2. Eingesetzte Methoden und Werkzeuge

Etwas häufiger als objektorientierte Analyse- und Design-Methoden werden Programmiersprachen aus dem objektorientierten Bereich eingesetzt (ca. 60 %). Auch hierfür wird in den Firmen mehrheitlich in die Fortbildung investiert. Die Erfahrungen mit OO sind geteilt. 65% geben ein eher positives Feedback, 35 % sehen eher negative Konsequenzen. Grund für den ursprünglichen Einsatz der objektorientierten Methoden war in der Regel der Versuch qualitative Verbesserungen zu erzielen, sowie eine erhoffte Verkürzung der Entwicklungszeit.

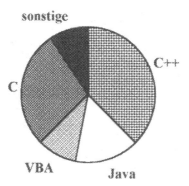

Fig. 3. Eingesetzte Programmiersprachen

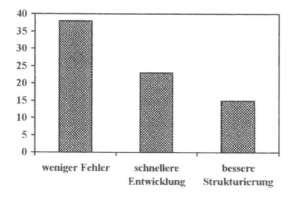

Fig. 4. Gründe für den Einsatz von OO (in Prozent)

Für Hochschulabsolventen wird folgendes Wunsch-Anforderungsprofil genannt:
- Kenntnisse in Entwicklungsmethoden; die genannten Methoden betreffen in der Mehrzahl den objektorientierten Bereich
- Bei den Programmiersprachen dominiert neben C++ immer noch C

- Kenntnisse in Betriebssystemprogrammierung sind für 95% ein unverzichtbare Fähigkeit für zukünftige Mitarbeiter. Dabei sind verschiedene Betriebssysteme genannt

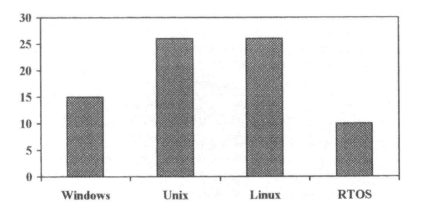

Fig. 5. Anforderungsprofil Hochschulabsolventen – Betriebssystemprogrammierung (in Prozent)

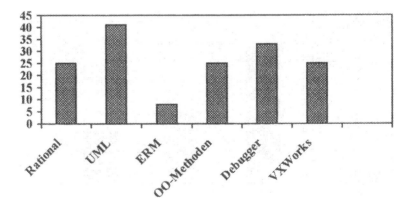

Fig. 6. Anforderungsprofil Hochschulabsolventen– Entwicklungsmethoden und Werkzeuge (in Prozent)

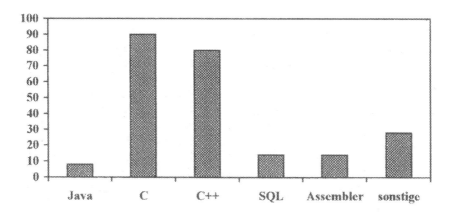

Fig. 7. Anforderungsprofil Hochschulabsolventen – Programmiersprachen (in Prozent)

Untersuchen der Plausibilität /Konsistenz/ Qualität der gemachten Aussagen

Es wurden Konsistenz/Plausibilitätsprüfungen durchgeführt. Dabei wurde zum Beispiel untersucht, ob Fragen, die ausschließlich mit Ja/Nein zu beantworten waren auch nur jeweils ein Kreuz pro Frage erhielten. Fragen, die die Auswahl zwischen verschiedenen Clustern ermöglichten wurden daraufhin untersucht, ob nur ein Cluster ausgewählt werden konnte, bzw. die Anzahl der genannten Prozentsätze in Summe 100% erreichte. Dabei wurde eine hohe Qualität der Fragebögen ermittelt. Nur vereinzelt erfolgte eine nicht korrekte Angabe von Antworten unter der falschen Kategorie (z.B. C++ unter Methoden anstelle von Programmiersprachen). Diese Inkonsistenten wurden bei der Bewertung – soweit unmittelbar interpretierbar - korrigiert.

Problematisch bleibt allerdings die sehr geringe Anzahl der Rückmeldungen, die sicher keine allgemeingültige Aussagen über die Gesamtheit der Firmen die echtzeitrelevante Software in Deutschland entwickeln, erlaubt. Dennoch kann das vorliegende Datenmaterial zumindest einen Trend der vorliegenden Situation aufzeigen.

Erfassen von Zusammenhängen

Betrachtet man die verschiedenen Anwendungsgebiete und die entsprechenden Nennungen für einzelne Kategorien zeigt sich folgendes Bild:

Eine Klassifizierung nach den Anwendungsfächern Automatisierung, Kommunikation und Simulation zeigt, dass die aufwendigsten Anwendungen im

Bereich der Simulation entwickelt werden. Automatisierung und Kommunikation entsprechen sich bei ihrem durchschnittlichen Aufwand. Der Aufwand bei "sonstigen" Anwendungsgebiete und eher "weichen" Echtzeitanwendungen ist geringer. Die Anzahl der beschäftigten Entwickler spiegelt dieses Bild wider.

Bezüglich der OO-Kenntnisse und des Schulungsverhaltens, zeigt es sich, dass der Anteil der Entwickler, die über Kenntnisse in OOA und OOD verfügen am höchsten im Bereich der Simulation ist, gefolgt von den weichen Echtzeitanwendungen. In die betriebliche Ausbildung in diesem Bereich wird generell investiert, allerdings am meisten im Bereich der Anwendungen Kommunikation, Automatisierung und sonstigen Anwendungen. Unabhängig vom Anwendungsgebiete investiert man generell in die Weiterbildung im Bereich OOP. Bis auf die Gruppe der Entwickler der weichen Echtzeitanforderungen haben hier bereits viele Entwickler Kenntnisse. Die Erfahrungen mit den Objektorientierten Methoden werden eher positiv bewertet, allerdings am positivsten bei den "weichen" Echtzeitentwicklern. Werkzeuge werden von der Mehrzahl eingesetzt, im Bereich der Simulation ist dies bereits selbstverständlich. Methoden kommen ebenfalls im Simulationsbereich besonders stark zum Einsatz.

Hinsichtlich der Beruferfahrung kann man nicht erkennen, dass "junge" Entwickler eher die objektorientierten Methoden beherrschen. Ebenfalls lässt sich kein Zusammenhang zwischen der Anzahl der Entwickler und dem Grad der objektorientierten Kenntnisse ableiten. Auch ist der Ausbildungsgrad der Entwickler generell nicht abhängig von der Größe der Entwicklergruppe.

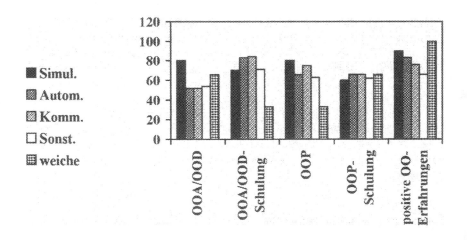

Fig. 8. Zusammenhänge Anwendungsgebiet und OO-Themen (Angaben in Prozent)

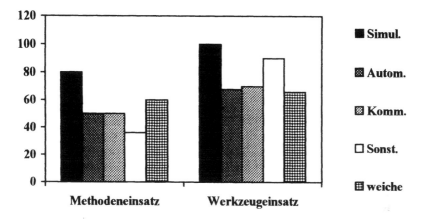

Fig. 9. Zusammenhänge Anwendungsgebiet Methoden und Werkzeugeinsatz (Angaben in Prozent)

Zusammenfassung und Schlussfolgerung

Die vorhandene Untersuchung hat gezeigt, dass in dem Anwendungsgebiet der Echtzeitdatenverarbeitung die objektorientierten Methoden und Sprachen noch nicht flächendeckend zum Einsatz kommen. Konventionelle Programmiersprachen, insbesondere C, spielen weiterhin eine wichtige Rolle. Dennoch gibt es auch im Bereich der Echtzeitdatenverarbeitung zunehmend Erfahrungen mit objektorientierten Methoden und Sprachen. Die vorliegenden Erfahrungen sind eher positiv, allerdings ist dieser Umstiegsprozeß anscheinend im Bereich der "weichen" Echtzeitanforderung am weitesten gediehen.

Die Hoffnungen, die mit einem solchen Umstieg einhergehen, betreffen insbesondere die Qualität der entstehenden Software. Auch die Erwartung schneller entwickeln zu können, geht damit einher. Dabei spielt sicher die Idee der Wiederverwendung, die im objektorientierten Bereich besonders ausgeprägt, ist eine große Rolle.

Spezielle Sprachen für die Echtzeitentwicklung (z.B. PEARL) spielen bei den Firmen, die die Fragebögen beantwortet, haben anscheinend keine Rolle. Stattdessen werden weithin übliche Sprachen wie C und C++ eingesetzt. Daher ist es auch folgerichtig, dass diese Sprachen am ehesten bei einzustellenden Absolventen gefordert werden. Weitere für Absolventen wichtige Kenntnisse betreffen insbesondere die Betriebssystemkenntnisse. Hier wir neben den klassischen Betriebssystemen (wie z.B. UNIX) durchaus auch Wert auf Spezialkenntnisse (wie z.B. in RTOS) gelegt. Ebenfalls sind Methoden- und Werkzeugkenntnisse mittlerweile unverzichtbar.

Die vorliegende Untersuchung erhebt keinen Anspruch auf einen repräsentativen Charakter der gesamten echtzeitentwickelnden Industrie in Deutschland. Dies ist auf Grund der wenigen Rückläufer bei den Fragebögen leider nicht möglich. Allerdings zeigt sich auch bei dieser geringen Stichprobe eine Tendenz hin zu der Objektorientierung bei den Echtzeitentwicklern. Daher ist die Prognose möglich, dass in wenigen Jahren auch in diesem Bereich im Wesentlichen objektorientiert werden wird, eventuell unterstützt durch - für diese Anwendungen speziell entwickelte - Methoden und Sprachen.

Literatur

[Atteslander2000]	Atteslander, Peter; Methoden empirischer Sozialforschung, 9.Auflage, de Gruyter : Berlin, New York 2000
[Friedrichs1990]	Friedrichs, Jürgen; Methoden empirischer Sozialforschung, 14. Auflage, Westdeutsche Verlage GmbH: Opladen 1990
[Holm1991]	Holm, Kurt; Die Befragung, 4. Auflage, Francke Verlag: Tübingen 1991
[Kirchhoff2000]	Kirchhoff, Sabine; Machen wir doch einen Fragebogen;, Leske + Eucrich: Opladen 2000

Entwicklung und Evaluation eines Modells für modulare Automatisierung im Anlagenbau

Uwe Katzke, Katja Fischer, Birgit Vogel-Heuser

Bergische Universität Wuppertal
Lehrstuhl für Automatisierungstechnik / Prozessinformatik
Fachbereich Elektrotechnik und Informationstechnik
Rainer-Gruenter-Str. 21, Geb. FC
D-42119 Wuppertal
{katzke, kfischer, bvogel}@uni-wuppertal.de

Zusammenfassung. In der Automatisierungstechnik bietet Modularisierung einen Nutzen und stellt gleichzeitig auch Anforderungen an den Systemaufbau und die Arbeitsweise der Konstrukteure und Entwickler. Von Unternehmen werden in Befragungen die Begriffe Wiederverwendung und Reduktion der Komplexität als Motive ihrer Bestrebungen zur Modularität genannt. In einer Analyse der Arbeitsweise und –ergebnisse dieser Unternehmen aus den Bereichen Fertigungs- und Verfahrenstechnik zeigen sich unterschiedliche Ansätze zur Modularität. Die verschiedenen Ansätze werden in ein gemeinsames Modell integriert und repräsentieren dort unterschiedliche Perspektiven eines Gesamtsystems.

1 Einleitung und Aufgabenstellung

In der Automatisierung für den Anlagenbau der Fertigungs- und Verfahrenstechnik werden Hardware- und Softwaresysteme entwickelt, die mehr als 3000, durch Sensoren und Aktoren repräsentierte, Ein- und Ausgabestellen besitzen können. Da eine Anlage in ihrer Zusammenstellung oft ein Unikat ist, wird ein systematischer Entwurf und die Wiederverwendung von Soft- und Hardwaremodulen aufgrund des vermeintlichen Aufwandes häufig vernachlässigt.

Die Wiederverwendung von Automatisierungsmodulen scheitert in der industriellen Praxis an der nicht vorhandenen oder nur schwachen Berücksichtigung folgender Punkte:

- Analyse und Strukturierung der Anforderungen an die Anlage bzw. der Modularisierung des Maschinen- und Anlagenbaus
- Dokumentation und einfaches Auffinden funktionsfähiger Module, die bereits vorhanden und getestet sind
- Akzeptanz bzw. Bereitschaft der Projekteure zur Benutzung „fremder" Module
- Versionierung und Pflege der Moduldatenbank
- Konzepte zur Erstellung eines neuen Moduls bzw. zur Adaption von Modulen bei leichten Änderungen der Aufgabe.

Die Entwicklung eines Modulmodells gewinnt insbesondere vor dem Hintergrund der Verteilung an Bedeutung. Konzepte wie IDA [1] oder CBA [2] gehen davon aus, dass Hardware (z.T. bis zur Maschinenhardware) und Softwaremodul einander fest zugeordnet sind [3]. Es ist unbestimmt, wie Änderungen (z. B. Einbindung eines zusätzlichen Endschalters) in solche Module eingebracht und wie diese einfach gepflegt werden. Außerdem fordert der Anwender eine freie Zuordnung von Softwaremodulen zu Automatisierungshardware, um Kostenoptima flexibel nutzen zu können. Das Mapping von Modulen auf Automatisierungshardware wird hiermit gefordert. Dabei sind die Zeitanforderungen sicherzustellen.

Der vorliegende Beitrag erläutert die Ergebnisse der Analyse von Automatisierungsanwendungen der Fertigungs- und Verfahrenstechnik hinsichtlich der Konzeption und Verwendung von Modulbibliotheken. Zunächst wurde ein grobes Modulmodell erstellt. Durch geleitete Interviews mit Industrieunternehmen verschiedener Anwendungsbereiche und die Inspektion bestehender Modulbibliotheken bzw. Anlagensoftware und –hardware wurde dieses Modell geprüft und erweitert.

2 Anforderungen

Die Untersuchung betrachtet als Automatisierungsgeräte Speicherprogrammierbare Steuerungen, IPC's mit IEC 61131-3 Laufzeitumgebungen [4] bzw. Prozessleitsysteme mit ihren Engineeringumgebungen (zunächst eines Herstellers).

Es handelt sich folglich um heterogene, verteilte Echtzeitsysteme. Die Anforderung an die Modulbibliothek aus Sicht der Systemintegratoren und Anlagenbetreiber erfordert Standards. Diese sind einerseits durch Herstellerunabhängigkeit und andererseits durch die enge Anbindung an die Systemtechnik eines großen Herstellers als „Firmenstandard" erreichbar.

Der Einsatz von Modulbibliotheken erfordert eine einfache Erstellung und Pflege sowie Dokumentation. Der Projekteur muss die richtigen Module schnell finden und sich darauf verlassen können, dass diese zuverlässig funktionieren. Eine wesentliche Schwierigkeit stellt die Frage nach der Größe von Modulen sowie die Möglichkeit der Änderung eines Moduls (Versionierung) dar. Das Vorhandensein einer Vielzahl von Modulvarianten erschwert das Auffinden. Ausschließlich wenige, kleine Module, die immer kombiniert werden müssen, bringen kaum den durch die Modularität erwarteten Nutzen.

Die Anwendung der Module muss darüber hinaus bereits in der Anforderungsanalyse also im Vertrieb und in der Projektierung beginnen und darf nicht mit Betrieb und Wartung enden. Vielmehr ist ein Konzept für das Re-Engineering zu integrieren.

Die Aufgabe bestand darin die Modulkonzepte der verschiedenen industriellen Anwender zu untersuchen, Gemeinsamkeiten bzw. Unterschiede zu finden, um - falls möglich - ein einheitliches Modell eines Moduls zu entwerfen.

Vor dem Hintergrund dieser Anforderungen ist das Basismodell zur Erstellung des Modells zunächst mit sieben verschiedenen Anwendern evaluiert worden. Diese Anwender repräsentieren in unterschiedlicher Weise die Bereiche Vertrieb, Basic

Engineering, Detail Engineering, Inbetriebnahme, Wartung und Betrieb und stammen aus den Bereichen Fertigungs- und Verfahrenstechnik.

3 Modulmodell

Das Modulmodell besteht aus drei Ebenen. Eine Ebene bildet die Klasse der Basismodule, eine weitere die der Anwendungsmodule und die dritte Ebene umfasst die so genannten Projekt- oder Anlagenmodule (Abbildung 1). Die Ebenen unterscheiden sich deutlich in Grad und Methode der Wiederverwendung dieser Module. Gegenläufig zum Grad der Wiederverwendung verhält sich im Ebenenvergleich die Transparenz der Module.

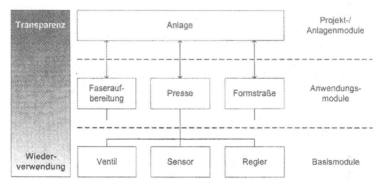

Abbildung 1. Unterteilung von Modulen in ein Modell aus drei Ebenen am Beispiel einer Anlage zur Herstellung von Holzfaserplatten

Basismodule zeichnen sich dadurch aus, dass sie gekapselt (Black Box) und parametrierbar sind. Sie bilden grundlegende Funktionen ab und sind branchenunabhängig einsetzbar.

Anwendungsmodule hingegen sind bereits durch die unterschiedlichen Anforderungen verschiedener industrieller Anwender branchenspezifisch gekennzeichnet. Sie sind mittels Variation in verschiedenen Anwendungen/ Applikationen einsetzbar. Anwendungsmodule werden durch Variation aus standardisierten Vorlagen gebildet. Zum Teil müssen ihre Strukturen bekannt sein, damit es möglich ist entsprechend angepasste Varianten zu erzeugen. Anwendungsmodule können aus Basismodulen zusammengesetzt sein und sind ebenfalls parametrierbar.

Projektmodule haben die Aufgabe, die Komplexität einer Anlage durch Gliederung in kleinere, überschaubarere Einheiten (Teilanlagen) zu verringern. Dies geschieht in einem Top Down Entwurf. Dieser endet, wenn die einzelnen Module eine ausreichend geringe Komplexität haben und in der weiteren Verfeinerung aus Anwendungsmodulen zusammengesetzt sind. Da Anlagen in der Regel Unikate sind, gibt es kaum Wiederverwendung. Dagegen ist ihr Aufbau transparent, wobei die kleinsten in dieser Ebene betrachteten Einheiten dann Anwendungsmodule sind.

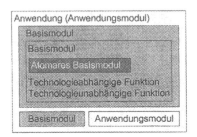

Abbildung 2. Rekursives Verständnis von Modulen am Beispiel von
Anwendungs- und Basismodulen

Über alle Ebenen setzen sich die Bestandteile eines Moduls aus der automatisierungstechnischen Hardware, der SPS- oder PLS-Software (Funktion inklusive der Betriebsarten und der Diagnosefunktionen), der Mensch-Maschine-Schnittstelle, den Schnittstellen zu übergeordneten Systemen ebenso wie Dokumentationen und Kostenangaben zusammen.

Der Modulbegriff ist in jeder Ebene rekursiv (Abbildung 2). Anwendungsmodule können Anwendungsmodule enthalten, ebenso wie Basismodule sich aus anderen Basismodulen zusammensetzen lassen. Nicht zusammengesetzte Module werden atomar genannt. Sie sind bereits so einfach, dass weitere Teilstrukturen nicht sinnvoll sind. Typischerweise sind nur Basismodule atomar.

4   Evaluation

Von allen Anwendern wurde das dreistufige Modulmodell als zutreffend verifiziert. Interessant ist die geringe Anzahl an Basismodulen auch für sehr anspruchsvolle und komplexe Anlagen. Vielfach werden statt einer Kapselung Module durch Variantenbildung bzw. als Kombination von Modulen erzeugt. Als systematischer Ansatz zeichnen sich hier die Anwendungsmodule ab. Sie dienen als Vorlage, von der ausgehend - je nach Strategie – Funktionen ergänzt oder entfernt werden.

Eine interessante Variante ist die Unterscheidung von Anwendungsmodulen in Funktionstypen bzw. Zusatzmodule, die orthogonal zu diesen Funktionstypen sind. Dieses Ergebnis bestätigt die Richtigkeit und den Nutzen solcher Modulbibliotheken.

Die Einbeziehung der automatisierungstechnischen Hardware ist unterschiedlich stark ausgeprägt. Die Integration von Ein- und Ausgängen bzw. PLT-Stellen ist von allen Anwendern realisiert. Elektrotechnische Hardware wird hingegen nur von einem Anwender in die Modulbildung einbezogen.

In der zweiten Stufe der Evaluation wurden weitere Systemintegratoren und Endkunden einbezogen. Im Rahmen dieser Interviews wurde der Nutzen von gelieferten (nicht selbst erstellten) Modulbibliotheken diskutiert. Der Nutzen von Modulbibliotheken des Lieferanten oder Endkunden wird als fragwürdig angesehen, da die notwendige Abstimmung der Schnittstellen problematisch ist. Schnittstellendefinitionen werden nach Angabe der Applikationsingenieure nicht ausreichend gut kommuniziert. Die genaue Bedeutung einer Schnittstelle wird häufig erst während der Implementierung deutlich. Es wird als „menschliche Eigenheit" gesehen, Schnittstellenbeschreibungen anders als gedacht zu verstehen, und damit zu Fehlinterpretationen zu kommen. Eine eindeutige, klare Beschreibung ist aus Sicht dieser Unternehmen nicht vorstellbar. Es existieren unterschiedliche Vorstellungen vom notwendigen Verständnis für die Verwendung eines Moduls. Sie bewegen sich zwischen den Extremen einer einfachen Schritt für Schritt Anleitung und dem vollständigen Verständnis eines Moduls einschließlich aller Systemzusammenhänge.

Ein Ansatz, um das grundsätzliche Verhalten eines Moduls in verständlicher Form darzustellen und zu normieren, stammt von der Working Group Packing Machinery der OMAC (Open Modular Architecture Controls) [5]. Der Entwurf reduziert Komponenten auf grundsätzliche Funktionen. Diese werden als Standard in Bezug auf Schnittstellen und Verhalten definiert. Das Verhalten einer Komponente und die Bedeutung seiner Schnittstellen wird jeweils in eindeutiger Weise durch einen Zustandsautomaten wiedergegeben.

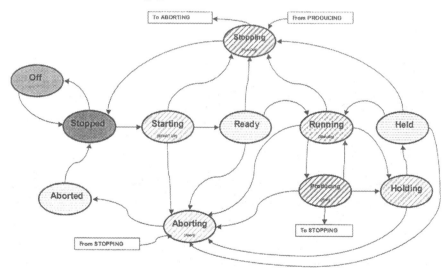

Abbildung 3. Automat zur Repräsentation des standardisierten Verhaltens einer Verpackungsmaschine der OMAC [6]

Das Beispiel einer Verpackungsmaschine (Abbildung 3) demonstriert eine solche Beschreibung. Funktionen, die sich mangels Häufigkeit oder Detailschärfe nicht in dieser Weise standardisieren lassen, können dennoch in dieser Beschreibungsform dargestellt werden.

Wie die Interviewergebnisse zeigen korrespondiert die Komplexität einer Schnittstelle stark mit der Leistungsfähigkeit eines Moduls. Damit ist abzuwägen bei welcher Komplexität Module zur Weitergabe in einer Bibliothek geeignet sind. Die Skala reicht von einfachen Basismodulen bis zu komplexen Modulen mit universaler Funktionalität. Die Ebene der Anwendungsmodule bietet mit bibliotheksgeeigneten Vorlagen einen Mittelweg zwischen unveränderter Wiederverwendung von Modulen und häufiger individueller Neuentwicklung. Die Entscheidung für die Zuordnung eines Moduls zu einer Ebene gründet sich auf wirtschaftliche Aspekte und berücksichtigt die zu erwartende Einsatzhäufigkeit und den Erstellungsaufwand eines Moduls. Konkrete Regeln für diese Entscheidung sind nur vereinzelt vorhanden.

Im Folgenden werden die verschiedenen abgeleiteten Merkmale für die Module vorgestellt.

- Zahl der Basismodule
  Die befragten Unternehmen nannten im Mittel eine Zahl von ca. 15 auftragsunabhängigen Modulen als Basis. Diese waren bei den meisten Befragten atomar, d.h. nicht rekursiv aus Basismodulen zusammengesetzt. Dies macht deutlich, dass Lösungen zur uneingeschränkten Wiederverwendung für Module mit nicht komplexem Funktionsumfang vorhanden sind. Die meisten Unternehmen scheuen den Aufwand, derartige Module zu entwickeln. Es fehlen Konzepte mit denen der wirtschaftliche Erfolg einer Wiederverwendung den Entwicklungsaufwand ausgleicht. Das dies dennoch möglich ist, zeigt eine wesentlich umfangreichere Modulbibliothek in einem betrachteten Unternehmen.

- Branchenneutralität von Modulen
  Basismodule werden als notwendig branchenneutral gesehen. Bei Anwendungsmodulen wird bereits eine deutliche Abhängigkeit zu der mit dem Modul unterstützten Branche gesehen.

- Granularität und Komplexität
  Module sind oft sehr komplex. Da in ihrer Leistung große Module nicht in feinere Strukturen aufgelöst werden, sind sie schwer überschaubar. Dennoch besteht bei der unvermeidlich hohen Komplexität der Anlagen der Wunsch, die Komplexität der Module gering zu halten.

- Parametrierbarkeit von Modulen
  Module sollen unabhängig von der Modulebene parametrierbar sein. Während Parameter bei Basismodulen die einzige Möglichkeit der Anpassung eines Moduls sind, werden sie in den anderen Ebenen als Ergänzung zur Konfiguration gesehen.

- Verriegelungen
  Zum Teil sind spezielle Bausteine für Verriegelungen vorhanden, die – im Falle hoch komplexer Verriegelungsaufgaben – auch kaskadierbar sind. Vielfach wird keine Notwendigkeit für Verriegelungsmodule gesehen. Statt dessen werden diese Aufgaben jeweils individuell, nicht modular gelöst.

- Verteilte Intelligenz
  Es überwiegt eine Präferenz für eine zentrale automatisierungstechnische Hardware. Konzepte für die Verteilung von Funktionen sind kaum vorhanden. Nur bei gekapselten Geräten ist eine Verteilung gewünscht.

- Kombinierte Hard- und Softwaremodule
  Der Ansatz durch Module Einheiten zu bilden, in der sich unterschiedliche Anforderungen und Techniken bündeln, ist häufig nur auf die Softwareseite beschränkt.

- Variantenbildung
  Zur Variantenbildung gibt es unterschiedliche Mechanismen. Teils werden standardisierte Anwendungsmodule als Vorlagen für Varianten genutzt, teils dient die nächste geeignet erscheinende Anwendung als Vorlage. Varianten werden entweder durch Reduktion oder durch Erweiterung gebildet. Im Falle der Reduktion werden die Vorlagen ausgehend von dem Maximum an Funktion zu Anwendungsmodulen reduziert. Bei einer Erweiterung werden Varianten ausgehend von einem minimalen Kern durch Hinzufügen weitere Funktionen gebildet.

- Herstellerabhängige Implementierung
  Außer den Basismodulen werden alle Module als abhängig von der automatisierungstechnischen Hardware gesehen.

- Schnittstellen zu anderen Systemen
  Für Schnittstellen zu anderen Systemen werden die für den jeweiligen Zweck etablierten Standards gewählt. Beispielsweise dient XML zur Modulbeschreibung, OPC zur Anbindung an Prozessleittechnik und Faceplates zur Einbindung einzelner Module in ein Visualisierungssystem.

- Versionspflege
  Die Versionspflege ist in den befragten Unternehmen unterschiedlich weit entwickelt. Die Spannweite reicht von einer einfachen Kennzeichnung bis zu in Geschäftsprozessen geregelten Zugriffs und Verwendungsrechten.

Aus diesen Merkmalen sind die im Folgenden aufgelisteten Kriterien hergeleitet. Auf Basis dieser Kriterien können die Anforderungen an Module hinsichtlich der verschiedenen Ebenen im Modell unterschieden werden.

Tabelle 1. Modulkriterien

Kriterien	Basismodule	Anwendungsmodule	Projektmodule
Abhängigkeit zum Projekt	Module bilden Branchen-unabhängig grundlegende Funktionen ab.	Anlagenabhängige Varianten werden aus standardisierten Vorlagen gebildet. Sie werden für in ähnlicher Form wieder-kehrende Teilsysteme ange-passt. Grundlegende Funktio-nen stehen als fertige Baustei-ne durch Basismodule zur Ver-fügung.	Diese Module mit geringer Wiederverwendung spiegeln ergänzt um Anwendungsmodule die Anlagenstruktur. Zweck dieser Module ist die Übersicht.
Abhängigkeit zur Hardware	Modulsoftware ist hard-ware-unabhängig (Aus-nahme: Schnittstellen).	Anwendungen sind an eine Anlage angepasst und damit hardware-abhängig.	Module hängen von der Anlagenstruktur ab und sind hardware-abhängig.
Abhängigkeit zur Branche	Module werden branchen-neutral entwickelt.	Branchenneutralität ist im Einzelfall möglich.	Module hängen von der Anlagenstruktur ab und sind branchenabhängig.
Kapselung / Black Box Verhalten	Basismodule sind gekapselt.	Kapselung von Code und Variablen schließt Varianten-bildung aus.	Module werden Top-Down als White Box entworfen
Möglichkeiten der Adaption	Durch Parametrierung an Standardschnittstellen	Durch Variantenbildung und Standardschnittstellen	Nutzen offener Standards wie OPC, und XML
Verriegelungstechnik	Durch Einsatz von Basis-modulen, die in einer Bib-liothek standardisiert sind.	Durch Einsatz von Basismodu-len	Verriegelungen nur auf Anwendungsebene
Rekursiver Aufbau	Basismodule können aus Basismodulen zusammen-gesetzt sein.	Anwendungsmodule sind aus Basismodulen zusammenge-setzt. Die Komposition aus anderen Anwendungsmodulen ist problematisch. Die Integrität eines Moduls muss bei Änderungen eines Teilmoduls sichergestellt sein.	Module entstehen durch Top-Down Entwurf. Es gibt keine Restriktionen durch Wiederverwendung. Komposition ist möglich.
Schutz gegen Änderungen	Veränderungen an Modulen werden nur auf Grund von Anforderungen mit speziellen Change Management Methoden durchgeführt. Geänderte Module sind auch wieder standardisiert.	Fehlende Basismodule werden angefordert. Neue Vorlagen erfordern Abnahmeverfahren (Change Management).	Module entstehen durch Top Down Entwurf. Dieser wird für jede Anlage neu gestaltet.
Verfügbarkeit	Basismodule werden durch eine Bibliothek zur Verfügung gestellt.	Anwendungsmodule werden aus Templates einer Bibliothek abgeleitet.	Projektmodule entstehen durch Top Down Entwurf für jede Anlage neu.
Schutz gegen Missbrauch	Hardware- und Branchen-unabhängigkeit erfordern einen Softwareschutz.	Der Bedarf für Softwareschutz hängt von der Anlagenabhän-gigkeit und dem Konfigurati-onsaufwand des Moduls ab.	Schutz ist durch die enge Bindung der Struktur an die Anlage gegeben.
Versionspflege	Eine Versionspflege dokumentiert Stand und Verwendung der Module.	Eine Versionspflege dokumentiert Stand und Verwendung der Vorlagen	Es wird der Stand der installierten Systeme dokumentiert.

5 Zusammenfassung und weitere Vorgehensweise

Das vorgestellte Modulmodell wird von den Anwendern als zutreffend bestätigt, ebenso wie der Nutzen von unternehmensspezifischen Modulbibliotheken. Der Nutzen und die Akzeptanz von allgemeingültigen Modulbibliotheken kann bisher nicht bestätigt werden, insbesondere aufgrund der Notwendigkeit der Modul- und Schnittstellenbeschreibung.

Je nach (Branchen-) Einsatz muss der Entwurf von Modulen unterschiedliche Aspekte berücksichtigen. Es muss definiert sein

- welche Struktur (Relationen),
- welche Interaktionen (Mechanismen für Interfaces und Protokolle),
- welche Variantenbildung (Vererbung, Polymorphismus) und
- welcher Grad der Wiederverwendung vs. Schnelligkeit des Entwurfs

gefordert sind. In einem prototypischen Entwurf werden entsprechend dieser Vorgaben unterstützende Mechanismen für den Entwurfsprozess gewählt. Das dreistufige Modulmodell bietet einen Ansatz, Module entsprechend einzuteilen. Eine weitere Untersuchung zur Bestimmung der Anforderungen dieser Aspekte ist notwendig. Darüber hinaus stellt sich die Frage, wie solche Module modelliert werden. Die UML ist in der automatisierungstechnischen Praxis noch nicht akzeptiert, d.h. ergänzende Modellierungsmöglichkeiten sind notwendig. Diese umfassen eine Anpassung der UML an die Bedürfnisse der Prozessautomatisierung sowie eine Erweiterung der IEC 61131-3 Sprachen in Richtung der Objektorientierung. Gleiches gilt für die Modellierung mit Zustandsautomaten, wie sie von der OMAC vorgeschlagen und für die amerikanische Verpackungsmaschinenindustrie erstellt worden ist [5-7]. Die Frage der Anwenderakzeptanz ist ebenfalls zu untersuchen, jedoch stark abhängig von der Modellierung und deren einfachen Anwendung.

6 Literatur

1   Europäische Kommission, Interchange of Data between Administrations, Leitfaden zur IDA-Architektur. Ausgabe 4.1, Brüssel 1999

2   Siemens, Component based Automation, Configuring Plants, Working with SIMATIC iMap. Manual, 2001

3. Arlt, V., Funktionales Engineering: Ein ganzheitlicher Engineeringansatz für modulare Maschinenkonzepte. In: Tagungsband SPS/IPC/DRIVES 2002, Hüthig Verlag Heidelberg 2002

4. K.-H. John, M. Tiegelkamp, SPS-Programmierung mit IEC 1131-3. Springer-Verlag, Berlin, Heidelberg, 1995

5. Guidelines for Packaging Machinery Automation, OMAC Packaging Workgroup. Version 2.0, 24.04.2002, http://www.omac.org/wgs/GMC/Deliverables/Guidelines V2.03.pdf

6. Andrew McDonald, Collaborative Standards Development for Packing Machinery. Unilever, ARC Forum 2002

7. Prehn, E., Realisierung eines OMAC Maschinen-Modells mit Zustandsgraphen und der Komponententechnologie. In: Tagungsband SPS/IPC/DRIVES 2002. Hüthig Verlag Heidelberg 2002

Systematischer Entwurf eines dezentralen Multitasking-Systems zur Steuerung eines räumlich verteilten Prozesses

Eberhard Kienzle

Fachbereiche Graduate School und Informationstechnik
FHT Esslingen
Flandernstrasse 101
D-73732 Esslingen

1 Zusammenfassung

Das Denken in parallelen und verteilten Kategorien (z.B. /1, 2/) ist zwingend für das Verständnis und die Lösung heutiger Rechner-Anwendungen. Es wird gezeigt, wie Studierende diese Denkweise erlernen bei der Durchführung eines Labor-Versuchs im Rahmen der Lehrveranstaltung "Prozeßdatenverarbeitung". Die Studierenden entwickeln dabei ein Software-System für die Steuerung einer Modell-Produktionsanlage.

In einer solchen Anlage bzw. Prozeß mit räumlich verteilten Transport- und Bearbeitungsmaschinen kann die eingeschränkte Parallelität oder Simultanarbeit der Maschinen durch den Prozeßfluß-Graphen (PFG) der Maschinen-Steuerfunktionen modelliert werden. Aus dem PFG ergibt sich unmittelbar eine vorläufige Version der Ablaufdiagramme eines Tasksystems.

Anhand der Analyse des Teileflusses durch die Anlage läßt sich der Datenfluß-Graph (DFG) ermitteln, der den Teilefluss modelliert als Fluß von Steuerbedingungen zwischen Steuerfunktionen. Aus dem DFG lassen sich in eindeutiger Weise die Pseudo-Codes der bedingten Steuerfunktionen ermitteln. Der Einbau dieser Funktionen in die vorläufige Version des Tasksystems führt zu dessen endgültiger, ablauffähiger Version.

Das vorgestellte Verfahren wird erläutert an einem Beispiel, ist aber auf eine Klasse verteilter Anlagen anwendbar. Eine Übertragung des Multitasking-Konzeptes von einem Einzel-Rechner auf ein Rechner-Netz ist leicht möglich, da die Synchronisations-Mechanismen, z. B. Semaphore, dieselben bleiben.

2 Beschreibung des Produktionsablaufs

Bild 1 zeigt den Prozeß, eine Modell-Anlage zur Bearbeitung von Plastikteilen.

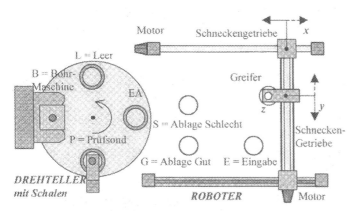

Bild 1: Modell-Anlage zur Bearbeitung von Plastikteilen

Ein Sensor registriert, wenn ein Teil in die Eingabe E gelegt wird. Der Roboter fährt darauf - in x- und y-Richtung gleichzeitig - von einer Warte-Position nach E, ergreift das Teil, legt es in der Drehteller-Schale an Position EA ab, und fährt dann zurück in die Warte-Position.

Der Drehteller rotiert in Viertel-Drehungen, gesteuert von einem 90°-Sensor. Zwei Viertel-Drehungen transportieren das Teil zunächst zur leeren Position L, dann zur Bohrmaschine, Position B. Dort wird das Teil gebohrt. Zwei weitere Drehungen bringen das Teil zunächst zur Prüfsonde, wo ein 2-Positions-Sensor den Zustand der Bohrung prüft und das Prüfergebnis zurück gibt: {gebohrt = gut = g, nicht gebohrt = schlecht = s}, dann weiter zu Position EA. Dort wird das Teil vom Roboter abgeholt und zu einem der beiden Behälter G (gut) oder S (schlecht) gebracht.

Es wird angenommen, daß die Maschinen durch Steuerfunktionen gesteuert werden, nämlich

- x/y-Fahrt: Funktion "FAHREN"
- Greifen (Aufnehmen oder Ablegen): Funktion "GREIFEN"
- Viertel-Drehung: Funktion "DREHEN"
- Bohren: Funktion "BOHREN", und
- Prüfen: Funktion "PRÜFEN".

Da die Maschinen weitgehend autonom arbeiten, kann das Verhalten der Funktionen charakterisiert werden als "Ausgabe mit Warten auf Zeit oder auf Interrupt".

Soll bei der Produktion das Prozess-Ziel "maximaler Teile-Durchsatz" erreicht werden, müssen möglichst viele Teile in der Anlage sein und simultan bearbeitet oder transportiert werden: vier Teile auf dem Drehteller, eines in der Eingabe. Dazu ist ein hoher Grad an paralleler Maschinenarbeit erforderlich. Diese wird dadurch ermöglicht, daß die Steuerfunktionen ihre Zeit zum Teil mit Warten verbringen.

3 Prozeßfluß-Graph des Prozesses

Maschinen-Parallelarbeit ist jedoch nur eingeschränkt möglich, da bei simultanem Ablauf zweier beliebiger Steuerfunktionen {A, B} eine Kollision auftreten kann. In diesem Fall können A und B nur sequentiell ablaufen, grafisch ausgedrückt

"A → B": "nach A folgt B", oder "B wartet auf Ende von A"   (1)

Da der Prozeß kontinuierlich läuft, gilt immer auch entsprechend: "B → A". Im betrachteten Prozeß kann es zu folgenden Kollisionen kommen

- {DREHEN, GREIFEN},
- {GREIFEN, FAHREN},
- {DREHEN, BOHREN},
- {DREHEN, PRÜFEN}.

Alle anderen Funktions-Paare können simultan ausgeführt werden, z. B. {BOHREN, PRÜFEN}. Werden alle vier oben genannten Relationen vom Typ (1) in einem Bild dargestellt, ergibt sich der zyklisch durchlaufene Präzedenz- oder Prozeßfluß-Graph PFG in Bild 2 /3/. Der Prozeßfluß-Graph modelliert also den aufgrund von Kollisionen eingeschränkten, maximal erreichbaren Grad an Parallelität bzw. Simultanarbeit.

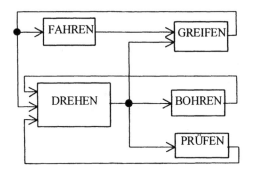

Bild 2: Prozeßfluß-Graph PFG des Prozesses in Bild 1

4 Datenfluß-Graph des Prozesses

Wird der PFG einmal durchlaufen, so laufen alle an der Produktion beteiligten Vorgänge einmal ab, kollisionsfrei und bei maximal erreichbarer Parallelität. Ob allerdings beim Aufruf der Steuerfunktion der eigentliche Transport oder die Bearbeitung tatsächlich stattfinden, hängt davon ab, ob der jeweilige Teile-Puffer gerade mit einem Plastikteil belegt ist, und in welchem Zustand das Teil ist.
Beispiel 1: beim Aufruf von "BOHREN" muß nur dann wirklich gebohrt werden, wenn vorher (durch die Steuerfunktion DREHEN) ein Teil unter die Bohrmaschine

transportiert wurde, andernfalls wird die Bearbeitung übersprungen. Diese Abhängigkeit von Bedingungen führt zu dem Begriff "bedingte Steuerfunktion".

Zur Arbeitsweise der bedingten Steuerfunktion B_BOHREN: vor dem eigentlichen Bohren mit der - unbedingten - Steuerfunktion BOHREN wird die Steuerbedingung "Teil unter der Bohrmaschine"geprüft, Variable B. Nach der Prüfung hat die Bedingung ausgedient und wird gelöscht. Für die nachfolgende bedingte Steuerfunktion B_DREHEN wird die Folgebedingung "Teil gebohrt", Variable BO erzeugt. Die Steuerbedingungen werden über einen globalen Datenbereich, z. B. eine Mailbox übergeben. Die Mailbox, hier MB, gehört zu der lesenden Funktion, hier BOHREN.

Bild 3 zeigt den Pseudo-Code der bedingten Funktion B_BOHREN. In Bild 4 wird der beschriebene Ablauf grafisch verdeutlicht, nämlich als Fluß von Bedingungen zwischen den Funktionen. Beide Darstellungen sind zueinander äquivalent.

```
if empfange_mail (MB) = B      // Teil an Pos. Bohrmasch., Bed. B, erfüllt?
   BOHREN                       // Falls ja: Plastikteil bohren
   send_mail(MD, BO)            // erzeuge und schreibe Bed. BO = Teil gebohrt
endif
```

Bild 3: Pseudo-Code der bedingten Steuerfunktion B_BOHREN

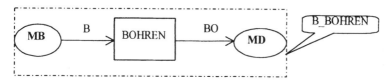

Bild 4: Bedingungsfluß der bedingten Steuerfunktion B_BOHREN

Beispiel 2: der Transportschritt "Vierteldrehung", Funktion DREHEN, hat vier auslösende Bedingungen:

- Teil (vom Greifer abgelegt) in der Schale an Drehteller-Position EA,
  Variable EA,
- Teil in der Schale an Position Leer, Variable L,
- Teil (in B_BOHREN) gebohrt, Variable BO,
- Teil geprüft, Ergebnis: gut oder schlecht, Variable mit Parameter P(g/s).

Beim Durchlaufen von B_DREHEN werden sämtliche Steuerbedingungen geprüft. Die Erzeugung von Folgebedingungen wird durch den Produktionsablauf (Bild 1) bestimmt und ist leicht nachzuvollziehen. Bild 5 stellt den vollständigen Bedingungsfluß der bedingten Funktion B_DREHEN dar. Zusammengehörende Steuer- und Folge-Bedingungen sind gleich numeriert.

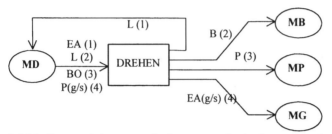

Bild 5: Ein- und Ausgangs-Bedingungen der bedingten Funktion B_DREHEN

Diese vier Fälle in Funktion B_DREHEN können als Pseudo-Code interpretiert werden. Diese Interpretation lautet z.B. im Fall 4:

P(g/s) → DREHEN → EA(g/s): falls Teil geprüft mit Ergebnis gut bzw. schlecht (und an Position Prüfsonde) → Vierteldrehung → gutes bzw. schlechtes Teil an Position EA.

Gleichgültig ob eine oder mehrere Steuerbedingungen erfüllt sind, wird genau eine Vierteldrehung durchgeführt. MD, MB, MP und MG sind die Mailboxen der jeweils folgenden Steuerfunktionen B_DREHEN, B_BOHREN, B_PRUEFEN und B_GREIFEN.

Allgemein verdeutlicht der Fluß der Bedingungen, wo sich Plastikteile befinden und in welchem Zustand sie sind. Sie modellieren den physikalischen Fluß der Teile durch die Anlage als Datenfluß. Die Bilder 4 und 5 sind Ausschnitte aus dem Datenfluß-Graphen DFG des Prozesses. Bild 6 zeigt den vollständigen DFG, der Übersichtlichkeit wegen ohne Nennung der Steuerbedingungen. Am DFG können simultaner Transport und Bearbeitung von Teilen veranschaulicht werden.

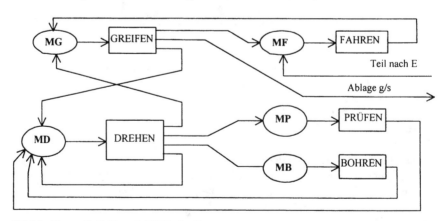

Bild 6: Datenfluß-Graph DFG des Prozesses

5 Systematische Ermittlung des Multitasking-Systems

Für die Erklärung des weiteren Verfahrens wird ein einfacherer, dennoch nicht trivialer Teilprozeß betrachtet, bestehend aus Drehteller mit Bohrmaschine und Prüfsonde, s. Bild 7. Die Teile werden - jeweils von Hand - an der Position L zugeführt, und nach Bearbeitung an der Position EA entnommen.

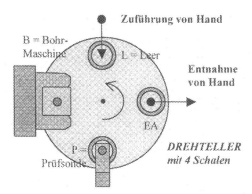

Bild 7: Teilprozeß zur Veranschaulichung des Entwurfsverfahrens

5.1 Prozeßfluß-Graph des Teilprozesses

Für den Betrieb des Teilprozesses werden die drei - zunächst wieder - unbedingten Steuerfunktionen DREHEN, BOHREN und PRÜFEN benötigt. Wegen möglicher Kollisionen müssen folgende Paare sequentiell ablaufen:

- {DREHEN, BOHREN},
- {DREHEN, PRÜFEN}.

Bild 8 zeigt den Prozeßfluß-Graph der reduzierten Anlage. Da Einlegen und Entnahme von Hand asynchron ablaufen, sind diese Vorgänge entkoppelt von DREHEN, BOHREN und PRÜFEN und brauchen im PFG nicht betrachtet zu werden.

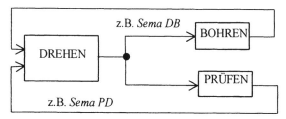

Bild 8: Prozeßfluß-Graph des Teilprozesses

5.2 Multitasking-System, vorläufige Version

Der Prozeßfluß-Graph kann unmittelbar in ein - zunächst vorläufiges - Tasksystem von 3 Basis-Tasks abgebildet werden, wenn man - wie in Bild 8 angedeutet - die Aufeinanderfolge "→" durch "Warten auf" bzw. "Setzen von" Semaphoren realisiert, s. Bild 9:

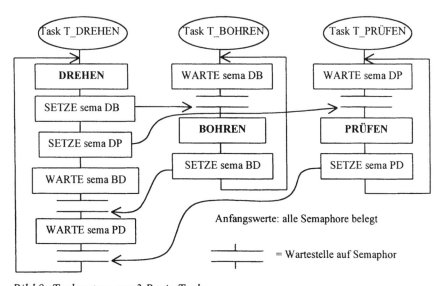

Bild 9: Tasksystem aus 3 Basis-Tasks

Die Basis-Tasks T_DREHEN, T_BOHREN und T_PRÜFEN enthalten je eine der Steuerfunktionen DREHEN, BOHREN und PRÜFEN, sowie die zu ihrer Koordinierung notwendigen Semaphor-Aufrufe, die z. B. durch Supervisor-Calls eines Echtzeit-Betriebssystems realisiert werden können /4/:

$$A \rightarrow B = \{\text{setze Semaphor in A, warte auf Semaphor in B}\}$$

Die koordinierende Wirkung der Semaphor-Aufrufe wird durch Pfeile zwischen den Ablaufdiagrammen verdeutlicht.

Alternativ zum System in Bild 9 können im PFG - ohne Verlust von Parallelität - sequentiell ablaufende Funktionen zu einer Tasks zusammengefaßt werden, z. B.

- Task T_DR_PR = {DREHEN, PRÜFEN},
- Task T_BOHREN: bleibt unverändert.

Dieses System aus zwei Tasks, s. Bild 10, ist hinsichtlich Parallelität äquivalent zum System in Bild 9.

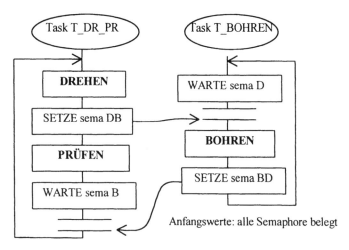

Bild 10: Äquivalentes Tasksystem aus 2 Tasks

5.3 Multitasking-System, endgültige Version

Bedingung	Unbed. Steuer funktion	Erzeugte Bedingung	Mailbox
-	keine, Teil von Hand einlegen	L = Teil in Schale Leer	MD
L = Teil in Schale Leer	DREHEN	B = Teil an Bohrmaschine BM	MB
B = Teil an BM	BOHREN	BO = Teil gebohrt	MD
BO = Teil gebohrt	DREHEN	P = Teil an Prüfstift PS	MP
P = Teil an PS	PRÜFEN	P(g/s) = Teil als gut bzw. schlecht geprüft	MD
P(g/s) = Teil als gut bzw. schlecht geprüft	DREHEN	EA(g/s) = gutes bzw. schlechtes Teil bei EA	nur Anzeige
EA(g/s) = gutes bzw. schlechtes Teil bei EA	keine, Teil entnehmen	-	

Tabelle 11: Weg eines Teils durch die Anlage, Bedingungen und Steuerfunktionen

Pseudo-Code und Bedingungs-Fluß einer bedingten Steuerfunktionen drücken denselben Sachverhalt aus. Zur Ermittlung der bedingten Steuerfunktionen kann daher der Datenfluß-Graph DFG herangezogen werden. Dieser läßt sich leicht ermitteln aus dem Weg eines Teils durch die Anlage und dem entsprechenden Bedingungs-Fluß zwischen den unbedingten Steuerfunktionen, s. obige Tabelle 11. Ohne weitere Überlegung lässt sich dieser Weg umsetzen in den Datenfluß-Graphen Bild 12.

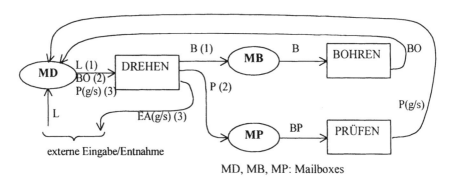

Bild 12: Datenfluß-Graph des Teilprozesses

Wir wollen z.B. die bedingte Steuerfunktion B_DREHEN ermitteln, in der laut Bild 12 die Funktion DREHEN bei vier verschiedenen Bedingungen aufgerufen wird. Der Pseudo-Code der Funktion B_DREHEN, die nahezu identisch ist mit der des allgemeinen Prozesses, vgl. Bild 5, lautet ausschnittsweise für die beiden Steuerbedingungen BO und P(g):

```
MDreh := 0                      // Merker: MDreh = " Drehung notwendig "
.............

if empfange_mail (MD) = BO      // Teil gebohrt? Falls ja
    MDreh : = 1                 // Drehung notwendig
    send_mail(MB, B)            // erzeuge Bedingung B = Teil an BM
endif

if empfange_mail (MD) = P(g)    // Teil als gut geprüft? Falls ja
    MDreh : = 1                 // Drehung notwendig
    anzeigen(EA(g))             // Anzeigen gutes Teil bei EA
endif

..................
if MDreh = 1                    // falls Drehung notwendig
    DREHEN                      // Drehen, wenn mindestens eine Bedingung erfüllt
endif.
```

Bild 13: bedingte Steuerfunktion B_DREHEN, Ausschnitt

Ersetzt man nun im vorläufigen Tasksystem in Bild 9 oder in Bild 10 die unbedingten Steuerfunktionen eins zu eins aus durch die bedingten, z.B. BOHREN durch B_BOHREN, so erhält man schließlich die endgültige, ablauffähige Version des Multitasking-Systems.

Literaturverzeichnis

/1/ Herrtwich, R. G. und Hommel, G.: "Kooperation und Konkurrenz", Springer, Berlin, 1989.

/2/ Almasi, G. S. und Gottlieb, A.: "Highly Parallel Computing", Benjamin/Cummings Pub. Comp., Redwood City, CA, 1989

/3/ Rudolph, B. A.: "A Self-Assessment Procedure on Concurrency", Comm. of the ACM, Vol. 3, No. 5, 1990

/4/ "SICOMP RMOS, RMOS for Windows", Referenzhandbuch Teil 2, SIEMENS AG., 1993

Interpretation der Ereignisspuren von verteilten Systemen bei unvollständigem Wissen

V. Vasyutynskyy, K. Kabitzsch

Technische Universität Dresden, Fakultät Informatik

D-01062 Dresden, Germany

Fax: ++49 351 463 38460

E-mail: {vv3, kabitzsch}@inf.tu-dresden.de

Zusammenfassung: Ein Beschreibungsmodell und die Abfragesprache zur Interpretation der Ereignisspuren wird vorgestellt. Das Modell vereinigt modellbasierte und lernende Verfahren, wodurch ein iterativer Diagnosevorgang unterstützt wird.

1 Einleitung

Bei modernen Automatisierungssystemen können drei klare Tendenzen festgestellt werden: Verteiltheit, Nutzung heterogener Komponenten und eine steigende Rolle des Softwareanteils. Das alles sowie ständig wachsende Komplexität führt dazu, dass diese Systeme nach Test und Inbetriebnahme nicht fehlerfrei sind. Typisch sind z. B. Integrationsfehler, die meistens transient und schlecht reproduzierbar sind.

Deshalb ist und bleibt das **Monitoring**, d. h. die Beobachtung von laufenden Systemen (siehe [Kla95]), ein unentbehrlicher Teil der Entwicklung, des Testens, der Inbetriebnahme und der Wartung von verteilten Systemen. Monitoring schließt die Sammlung, Interpretation und Darstellung der Information über Interaktionen in einem System in Form von Ereignisspuren, sprich Traces, ein. Trace ist damit eine chronologische Sammlung von Log-Einträgen.

Monitoring erlaubt nachträgliche (*post mortem*) Analyse von Systemen und dient vor allem der Suche nach den Ursachen der Fehler, nachdem die Fehlerwirkungen bemerkt wurden. Es erlaubt auch eine tiefere Sicht in das dynamische Verhalten des entwickelten Systems. Dabei können unter Umständen auch Fehler bzw. Engpässe entdeckt werden, noch bevor die fatalen Fehlerwirkungen eintreten.

Die Qualität der Diagnose hängt stark von der Instrumentierung ab, die widersprüchliche Anforderungen des möglichst geringen Einflusses des Monitoringsystems auf die Anlage und der Detailliertheit der aufgezeichneten Daten erfüllen muss ([Kla95]). Aber auch wenn die aufgezeichneten Tracedaten vorliegen, steht vor dem Entwickler die Frage der effektiven Analyse dieser Daten, die nicht zu unterschätzen ist. Da die erzeugten Datenmengen sehr groß sein können (bis mehrere Gigabytes pro Tag) und

Fehlerwirkungen nicht immer direkt erkannt werden können, erfordert diese Analyse den Einsatz von hoch qualifizierten Spezialisten und erhebliche zeitliche und rechentechnische Ressourcen. Der Mensch muss deshalb bei der Interpretation der Log-Daten durch die möglichst automatische Analyse unterstützt werden. Die vorliegende Arbeit stellt einen Versuch vor, eine Reihe singulärer Erfahrungen und Analysemethoden im Gebiet der Interpretation von Log-Daten im Rahmen eines einheitlichen Beschreibungsmodells zu generalisieren. Das Modell wurde prototypisch in einem Diagnosetool implementiert. Als Anwendungsbeispiele für die Diagnose mit dem neuen Modell werden ein Gebäudeautomatisierungssystem und das MES einer Fabrik betrachtet.

Das zweite Kapitel des Beitrags umreißt kurz den aktuellen Stand und weist auf die Mängel der verwendeten Methoden hin. Im dritten Kapitel werden die Anforderungen an die Interpretation von Log-Daten und das Beschreibungsmodell formuliert. In den Kapiteln 4 und 5 wird das Modell beschrieben und mit lernenden Methoden ergänzt.

2 Analyse von Log-Daten

Ziel der Diagnose ist es, auf möglichst effektive Weise die Ursachen der beobachteten Fehler zu entdecken. Die Suche nach den Fehlern und deren Ursachen ist oft eine iterative Aufgabe, die Erstellung von mehreren Hypothesen einschließt. Dabei spielt der menschliche Experte eine wichtige Rolle in der Diagnose, da ihm die endgültige Entscheidung über die Ergebnisse der Diagnose und die weiteren Maßnamen überlassen wird.

Für die Diagnose werden oft wissensbasierte Verfahren ([Pri99]) verwendet. Das sind vor allem assoziations- bzw. fallbasierte Verfahren, u. a. Fehlerbäume mit verschiedenen Erweiterungen wie unscharfe Entscheidungen usw. Sie scheitern aber in unserem Fall an der Komplexität der Systeme, die zu erheblichem und nicht tragbarem Aufwand bei der Erstellung von Diagnoseregeln führt.

Die seit langem in der Diagnose etablierten modellbasierten Verfahren ([Ise93]) stoßen auf ein grundlegendes Problem – das Modell muss korrekt und vollständig sein, was aus folgenden Gründen nicht immer möglich ist:

- Komplexität von Systemen und folglich von beschreibenden Modellen, die auf die Verteiltheit und damit verbundene Zustandsexplosion zurückzuführen ist. Bei Berücksichtigung des dynamischen Verhaltens und Echtzeit-Bedingungen wird das Problem noch zusätzlich stark verschärft. Auch die Verzögerungen und Totzeiten in den Kommunikationsschnittstellen können nur mit bestimmter Wahrscheinlichkeit vorhergesagt werden, was kritisch für die Einhaltung von Echtzeitbedingungen sein kann.
- Externe Prozesse. Die Umgebungseinflüsse (gemessene physikalische Parameter wie Temperatur) oder menschliche Steuerungseingriffe lassen sich nur bedingt modellieren und voraussagen.
- Informationsmangel beim Entwurf. Bei der Entwicklung werden z. B. Komponenten von anderen Entwicklern benutzt. Sie werden als Blackbox bzw. Greybox behandelt und ihre Anwenderlogik ist meistens nur unzureichend bekannt, was

sichere Aussagen über ihr dynamisches Verhalten erschwert. Informationsmängel können auch durch unkorrekte Monitoringimplementierung und folglich unzureichende Detailliertheit der Traces entstehen.

Auch traditionelle Modellbildungsmethoden (vgl. [Ise93]) scheitern, weil die notwendigen Bedingungen wie stark kausale Beziehungen, statistische Repräsentanz der Daten und die Zeitinvarianz in den betrachteten Systemen nicht eingehalten werden.

In der Praxis wird versucht, die Mängel der oben aufgezählten Ansätze durch die Intuition des menschlichen Operators zu überwinden und ihm dabei durch Anbieten von verschiedenen Visualisierungsmethoden und Statistiken (z. B. [Kun96]) zu unterstützen. Dann hängt aber das Ergebnis der Diagnose von solchen subjektiven Faktoren wie passende Sichtauswahl bzw. Zoom ab. Gerade die seltenen Fehler können in riesigen Mengen von Daten leicht übersehen werden. Auch die Statistiken können trügerisch sein, wenn ihre Basis falsch gewählt wurde.

Auf Grund dieser Probleme sind die einzelnen Verfahren derzeit nur in Nischenanwendungen praktisch erfolgreich. Um mit den verteilten Systemen zurecht zu kommen, müssen die modellbasierten Ansätze mit den Verfahren eng gekoppelt werden, die bestimmte Zusammenhänge in großen Datenmengen suchen und weiche Modelle dieser Daten bilden können. In unserem Ansatz greifen wir dafür auf **Data Mining** (siehe [Han01], [Rus02]) zurück, das mehrere Methoden für das Lernen und die Bildung von Datenmodellen zusammenfasst. Lernende bzw. Identifikationsmethoden des Data Mining müssen dabei in technischen Anwendungen das a priori Wissen aus der Entwurfs- und Wartungsphase intensiv benutzen. Ein Beschreibungsmodell, das die modellbasierten und lernenden Ansätze vereint, wird in den nächsten Kapiteln vorgestellt.

3 Motivation und Anforderungen an das Beschreibungsmodell

Das Beschreibungsmodell hat das Ziel, eine einheitliche Beschreibung der Traceinformationen verschiedener Art bereitzustellen. Auf der Basis des Modells werden dann die konkreten Abfragen an die vorliegenden Daten erzeugt. Dazu teilen wir die Information in einem Trace in folgende drei Kategorien:

- Explizites Wissen – feste Regeln, die einen sicher bekannten Teil des Systems darstellen und während der Diagnose nicht geändert werden. Das können verschiedene Arten der Entwicklungsinformationen sein wie Beschreibungen der Checkpoints, Quellcode oder Protokolldetails sowie die Erfahrungen aus vorherigen Diagnosen. Diese Regeln werden im modellbasierten Ansatz zur Überprüfung der Modelle benutzt.
- Implizites Wissen – Regeln, die unscharfe Hypothesen über das Systemverhalten repräsentieren. Das können z. B. empirische Erfahrungen oder unsichere Annahmen der Experten sein. Die Hypothesen können während der Diagnose bestätigt oder verworfen werden.
- Heuristisches Wissen – die unbekannten Informationen, die über den oben genannten Wissensarten hinaus in den Daten verborgen sind.

Im Laufe eines erfolgreichen Diagnoseprozesses fließt die Information aus dem unbekannten Wissen in die Richtung unscharfer Regeln und dann fester Regeln, wie es in Abbildung 1 dargestellt ist.

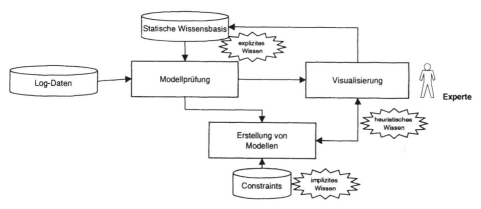

Abbildung 1. Wissensarten im Diagnoseprozess.

Die quantitativen Verhältnisse zwischen den drei Wissensarten können in jedem Diagnosefall sehr unterschiedlich sein und bestimmen damit den Ablauf der Diagnose. Das a priori Wissen über Systeme in Form von implizitem und explizitem Wissen muss dabei maximal genutzt und erst dann mit Verfahren zum Entdecken von heuristischem Wissen verknüpft werden. Die Intuition des Nutzers soll durch Anbieten von Hypothesen unterstützt werden. Um dies zu ermöglichen, muss das Modell die Prozesse auf dem abstrakten Niveau eines Traces beschreiben und damit eine Basis für diese Verfahren sein. Das Modell soll die Informationsarten und Zusammenhänge, die in Traces vorkommen, berücksichtigen, und zwar:

- Semantik der Daten. Der Diagnostiker muss wissen, was die einzelnen Beiträge im Trace bedeuten.
- Kausale Beziehungen zwischen Einträgen, beispielsweise zwischen Operationen eines sequenziellen Programms, zwischen zwei kommunizierenden Objekten usw.
- Zeitliche Zusammenhänge. Das können die Dauer bestimmter Aktionen oder Echtzeitbegrenzungen sein, aber auch andere zeitliche Eigenschaften.

Darüber hinaus werden noch folgende Anforderungen an das Beschreibungsmodell gestellt:

- Das Modell muss über allgemeine Datenschnittstellen zum Zugriff von Tracedaten aus verschiedenen Quellen verfügen und von konkreten Suchmechanismen wie z. B. SQL unabhängig sein. Die Suche muss sowohl offline, über die aufgezeichneten Daten, als auch online, d.h. während der Aufzeichnung, realisiert werden können. Das Modell muss die Datenhierarchien widerspiegeln und einfach erweitert werden können.
- Verschiedene Beschreibungsmittel wie Automaten, UML-Diagramme, Spezifikationen usw. müssen im Beschreibungsmodell benutzt werden können, um die Nutzung von a priori Informationen zu automatisieren.

- Auch heterogene Werte müssen ggf. miteinander verglichen werden können, z. B. symbolische und numerische oder diskrete und kontinuierliche Daten.
- Die Interaktion mit dem menschlichen Experten muss effektiv gestaltet werden. Dazu gehören möglichst automatisierte Regeleingaben, das Anbieten von Hypothesen und die effektive Darstellung der Daten.

Das vorgeschlagene Modell wird im nächsten Kapitel detailliert beschrieben.

4 Beschreibungsmodell

Das Beschreibungsmodell erweitert die ereignisorientierten Notationen wie Simple ([Kla95]) und GEM ([Man95]), die sich auf die Beschreibung von komplexen Ereignissen konzentrieren. Es ist speziell auf die Anforderungen der Traceinterpretation zugeschnitten. Seine Grundbasis bilden Elemente, die über Relationen miteinander verknüpft werden können. Das Modell ist nach objekt-orientierten Prinzipien aufgebaut. Das vereinfachte Klassendiagramm ist in Abbildung 2 dargestellt und unten ausführlich erklärt. Für die Beschreibung der Regeln werden wir zum besseren Verständnis eine formale Sprache benutzen. Im realen Tool ist die Eingabe der Regeln über ein intuitiveres visuelles Interface implementiert.

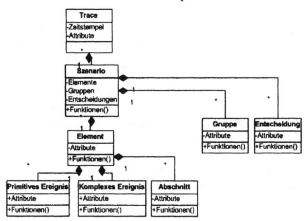

Abbildung 2. Grundelemente des Beschreibungsmodells.

Trace stellt eine chronologische Sammlung von Datensätzen dar. Jeder Datensatz im Trace verfügt über mehrere Attribute, die z. B. die Quelle oder den Inhalt des Eintrags enthalten. Dadurch wird der Trace als Objekt unabhängig von der konkreten Speicherungsform wie eine Textdatei oder eine Datenbank. Ein Trace stellt damit einen (N+1)-dimensionalen Suchraum dar, wobei N die Anzahl der Attribute ist. Eine weitere Dimension ist die Zeit, die i. A. diskret und nicht äquidistant ist.

Primitive Ereignisse sind die Ereignisse im Trace, die für die Aufstellung einer Hypothese relevant sind und damit eine gewisse semantische Bedeutung haben. Die Ereignisse werden über die Attribute der Log-Einträge definiert. Beispiel eines primitiven Ereignisses:

```
Req_17:= (Trace.Msg='Request' AND Trace.PID=17)
```

Mit dieser Regel werden die Ereignisse des Prozesses mit der Identifikationsnummer (PID) 17 beschrieben, die eine Message „Request" enthalten.

Zusammengesetzte oder **komplexe Ereignisse** sind Mengen aus mehreren Ereignissen, die über bestimmte Relationen zusammengesetzt sind. Sie verkörpern die kausalen Beziehungen im System. Sind A und B primitive Ereignisse, dann können folgende Relationen in der Definition von zusammengesetzten Ereignissen benutzt werden (vgl. [Man95]):

- A; B – Ereignis A muss vor dem Ereignis B auftreten (Sequenz);
- A~B - Ereignisse dürfen in beliebiger Reihenfolge auftreten (Parallelisierung);
- [n:m] A – Ereignis A muss von n bis m Mal auftreten (Iteration);
- A | B – es muss eines von zwei Ereignissen auftreten (Verzweigung);
- ! A – ein Ereignis A darf nicht auftreten (Ausschluss).

Der folgende Ausdruck beschreibt das zusammengesetzte Ereignis einer erfolgreichen Transaktion, die aus dem Senden einer Anfrage Req_17 und der Antwort Resp_17 besteht. Der Timeout für die Antwort beträgt 30 Sekunden:

```
TA_17:= (Req_17; Resp_17).(Dauer<00:00:30)
```

Die Beschreibung der Kausalität über komplexe Ereignisse ist äquivalent der Beschreibung mit Hilfe von zeitbehafteten Automaten, Petri-Netzen, Bäumen u. a ([Man95]). Dabei bietet das Modell eine kompaktere, ausdruckskräftigere und einfach erweiterbare Darstellung. So können z. B. weitere Attribute der Ereignisse einfach in Betracht gezogen werden, wobei die Petri-Netze zusätzliche Erweiterungen dafür gebraucht hätten.

Die Verletzungen der Regeln von komplexen Ereignissen, d.h. **Ausreißer**, spielen dabei eine wichtige Rolle und werden speziell behandelt. Sie können auf die Fehler bzw. Fehlerursachen hindeuten. In den Definitionen der komplexen Ereignisse können auch die untergeordneten komplexen Ereignisse benutzt werden, wodurch die Verschachtelung ermöglicht wird.

Des weiteren führen wir die **Zeitabschnitte** ein, die allgemein als Zeitabschnitte eines Traces definiert werden, die bestimmte Eigenschaften besitzen. Die Abschnitte dienen der Betrachtung von Systemabläufen aus zeitlicher Sicht und können beispielsweise folgendermaßen definiert werden:

- Zeitabschnitt vom 13:00 bis 14:00. In dieser Zeit findet der Schichtwechsel in einer Fabrik statt, deshalb sollen in dieser Zeit andere Regeln benutzt werden: `Per_Schicht:= (13:00-14:00).`
- Zeitabschnitt zwischen zwei Ereignissen, z. B. zwischen Anfang und Ende einer Transaktion: `Per_TA:= (TA_17).Zeitabschnitt`
- Zeitabschnitt mit hoher Last im Netzwerk: `Per_Ueberlast:= (TA_17.Dauer>10) AND (TA_17.Zwischenzeit<20)`

Derartige Zeitabschnitte erlauben es, Prozesse unterschiedlicher Natur entlang einer Zeitachse darzustellen und damit auch kausale Beziehungen zwischen ihnen nachzuvollziehen.

Alle Elemente besitzen mehrere **Attribute**, die in primäre und sekundäre eingeteilt werden. **Primäre Attribute** werden aus Quelldaten gewonnen und stellen damit das feste Wissen über den Systemablauf dar. Das sind die Attribute von Traceeinträgen wie z. B. Quelle oder Inhalt des Eintrages.

Sekundäre Attribute, oder Funktionen, werden anhand der primären Attribute berechnet. Sie können während des Diagnoseablaufs geändert werden und hängen damit von den Diagnosehypothesen ab. Ein Beispiel für ein sekundäres Attribut ist eine Klasse, die die Netzlast in einem Zeitabschnitt beschreibt („hohe Last" oder „niedrige Last"). Diese Klasse wird auf Grund der Häufigkeit der Ereignisse auf einem Kanal berechnet. Die sekundären Attribute erlauben eine tiefere Sicht in die Daten, indem sie zusätzliche Projektionen auf Daten erzeugen. Da die sekundären Attribute dynamisch berechnet werden, wird es einfach, weitere sekundäre Attribute einzufügen, wenn das beim Diagnosevorgang erforderlich ist. Dabei können im Modell verschiedene Klassifizierungsverfahren (statistische Klassifizierung, Neuronale Netze, Fuzzy-Klassifikatoren usw.) benutzt werden, wenn sie in Attributen gekapselt sind. Über die gewonnenen Klassen können dann die heterogenen Attribute miteinander verglichen werden.

Um die Regeln und Hypothesen besser zu strukturieren und für Experten verständlicher zu machen, werden noch die Gruppen und Entscheidungen eingeführt.

Gruppen sind Teile der Systeme bzw. Gruppen von Attributen, die gemeinsame Eigenschaften besitzen. Die Gruppen begrenzen den Raum, in dem bestimmte Regeln gültig sind. Sie teilen damit den gesamten Trace-Raum in Unterräume, was die Überprüfung von Regeln und die Suche nach Zusammenhängen in Daten erleichtert und beschleunigt. Als Beispiel wählen wir eine Gruppe von Transaktionen, die von verschiedenen Threads eines Prozesses erzeugt werden:

```
Gr_TA_17:= Group(TA_17, GroupingParameter=Thread_ID)
```

Diese einzelne Regel erlaubt es mit einem Schlag, alle im Trace vorhandenen Threads zu beschreiben und ist beispielsweise bei der Analyse von preemptiven Prozessen in Betriebsystemen nützlich. Weitere Beispiele für Gruppen könnten alle Geräte auf einem Kommunikationskanal sein, oder die Geräte eines Hauses, die gleiche Funktionalität besitzen.

Entscheidungen und Entscheidungsbäume runden das Beschreibungsmodell ab und liefern die Aussagen, die aufgrund der ausgeführten Analyse gemacht werden. Zum Beispiel signalisiert die Regel

```
IF TA_17.Dauer.Max>00:00:20 THEN Residuum:='Probleme in
Kommunikation'
```

den Experten die Kommunikationsprobleme, wenn die Dauer der Transaktionen in einer Gruppe ein bestimmtes Limit überschreiten.

Die Elemente, die in bestimmten Fällen anwendbar sind, werden in **Szenarien** zusammengefasst. Ein Szenario stellt damit eine Hypothese dar. Während der Diagnose können mehrere, u. a. auch konkurrierende Hypothesen erstellt werden. Welche Hypothese bevorzugt wird, hängt von den gewählten Kriterien und der Entscheidung des Experten ab.

Mit Hilfe der Elemente wird das feste Wissen über das System beschrieben und anschließend in den Daten überprüft. Wenn nach der Prüfung des festen Wissens die

Diagnoseziele noch nicht erreicht sind, muss der Experte auf die lernenden Methoden des Data Mining zugreifen, die selbständig Modelle von Daten ermitteln können.

5 Lernende Methoden für die Diagnose

Die Motivation des Einsatzes lernender Methoden soll an folgendem einfachen Beispiel gezeigt werden. Es wird ein MES einer Fabrik analysiert, dass aus einem Server und mehreren entfernten Komponenten besteht, die miteinander über ein CORBA-Interface kommunizieren. Der Experte versucht die Ursache eines Fehlers zu finden, der in unregelmäßigen Zeitabständen auftritt und zu Abstürzen des gesamten Systems führt. Dafür wird ein Trace analysiert, der vor dem Absturz aufgezeichnet wurde. Der Experte soll den Zeitabschnitt, der zeitlich unmittelbar vor dem Absturz liegt, mit dem normalen Verhalten des Systems vergleichen, um mögliche Abweichungen zu finden. Da das normale Verhalten nicht genau bekannt ist, wird als normales Verhalten die frühere Vorgeschichte angenommen. Die Prozesse auf einem Server werden mit folgenden Regeln beschrieben:

```
TA:= (Req; Resp)
Gr_Prozesse:= Group(TA, GroupingParameter=Prozess_ID)
```

Nach der Anwendung dieser Regeln kann der zeitliche Ablauf des Systems auf einem Diagramm (Abbildung 3) dargestellt werden.

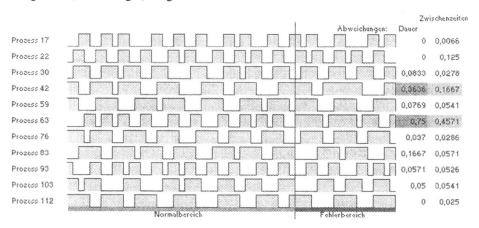

Abbildung 3. Prozesse in „normalen" und „fehlerhaften" Bereichen.

Die Vermutung des Experten ist es, dass eine oder mehrere Transaktionen zu viel Zeit in Anspruch nehmen, was zur Verletzung der Echtzeitbedingungen führt. Die Dauern der Transaktionen werden verglichen und die Prozesse mit den größten normierten Abweichungen zwischen den Bereichen werden als verdächtig markiert, was mit folgendem Befehl möglich ist:

```
Gr_Verdacht_1:=ComparePeriodsStat(Gr_Prozesse.Dauer,
Per_Normal, Per_Fehler, 2)
```

Das Attribut „Dauer" jedes Prozesses in der Gruppe Gr_Prozesse wird also im normalen und fehlerhaften Bereich verglichen und es werden die zwei am meisten abweichenden Prozesse zurückgeliefert. Wie in der Abbildung zu sehen ist, wurden die Prozesse 42 und 63 als verdächtig hervorgehoben (Spalte „Dauer").

Die Suche kann erweitert werden, indem noch die Häufigkeiten der jeweiligen Prozesse analysiert werden. Dafür wird das weitere Attribut „Zwischenzeit" einbezogen, das die Dauer des Zeitabschnitts zwischen zwei nacheinander folgenden Transaktionen liefert:

```
Gr_Verdacht_2:=ComparePeriodsStat(Gr_Prozesse.Zwischenz
eit, Per_Normal, Per_Fehler, 2)
```

Das Ergebnis des Vergleiches befindet sich in der Spalte „Zwischenzeiten". Unser Verdacht wird nochmals bestätigt, weil wieder die Prozesse 42 und 63 am meisten abweichen. Außerdem liefert es uns die neue Vermutung, dass die Ankunftshäufigkeit und Bearbeitungsdauer von Transaktionen miteinander korrelieren.

Ob die verdächtigten Komponenten für die Fehler tatsächlich verantwortlich sind, muss noch weiter untersucht werden, u. a. mit Einbeziehung weiterer Parameter, Codeanalyse usw. Die Ergebnisse der lernenden Verfahren können dann als feste Regeln, beschrieben mit Hilfe des Beschreibungsmodells, für weitere Diagnosen benutzt werden.

Die Möglichkeiten der vorgestellten Methode sind sehr begrenzt, solange nur wenige Attribute untersucht werden. Die Methode ist nur dann anwendbar, wenn die Dauern und die Zwischenzeiten von Transaktionen nur stochastisch und nicht wesentlich variieren.

Im Rahmen des Diagnosetools sind bisher nur wenige einfache lernende Methoden implementiert, unter anderem:

- Statistische Klassifizierung von Attributen und Zeitabschnitten wie im oben dargestellten Beispiel;
- Statistische Ermittlung von Ausreißern und verdächtigten Komponenten;
- Ermittlung von typischen kausalen Zusammenhängen durch Generierung von deterministischen Automaten.

Diese Methoden haben sich für die betrachteten Beispiele als ausreichend erwiesen. Für weitere praktische Fälle sind mehrere Erweiterungen notwendig, unten kurz umrissen werden.

Bei der Diagnose müssen in der Regel mehrere Attribute von Elementen berücksichtigt werden: nicht nur die Dauer der Transaktionen, sondern beispielsweise auch ihre Häufigkeit und Transaktionsparameter. Die Komplexität der Suche wächst dann exponentiell und viele zufällige Zusammenhänge werden erkannt, was zu sehr ungenauen Diagnoseergebnissen führt. Gerade an dieser Stelle kommt dann das implizite Wissen über den Prozess zu Hilfe, das zusätzlich den mehrdimensionalen Suchraum begrenzt und hilft, die zufallsbedingten Ergebnisse auszuschließen. Bestimmte Attribute können sofort aus der Suche ausgeschlossen werden, wenn sie keinen Einfluss auf die untersuchten Abläufe haben (Attributselektion). Dies kann aufgrund von Entwicklerinformationen oder vorherigen Untersuchungen erfolgen. So kann z. B. der Einfluss der Beleuchtung auf die Raumtemperatur vernachlässigt werden, wenn das Heizungssystem eines vernetzen Gebäudes analysiert wird. Die Beleuchtung muss aber unbedingt berücksichtigt werden, wenn die Netzlast im Feldbus eines Zimmers betrachtet wird.

Für eine weitere Automatisierung müssen die semantischen, kausalen und zeitlichen Zusammenhänge in den Daten vom Diagnosesystem selbstständig erlernt werden können. So können z. B. für die Ermittlung von Kausalitäten die Automaten (vgl. [Qua94]) oder Assoziationsregeln aus Tracedaten generiert werden.

Im oben dargestellten Beispiel ist die Wahl des verdächtigen Intervalls sehr willkürlich gewesen, was kritisch sein kann. Wenn dieses Intervall zu klein ist, kann der Fehler im „normalen" Bereich liegen. Wenn das Intervall zu groß gewählt wurde, dann wird der Fehler durch normale Daten verdeckt. Deshalb soll das Intervall adaptiv gewählt und je nach den Ergebnissen vergrößert oder verkleinert werden.

Um Ergebnisse der Suche zu bewerten, sind Gütekriterien notwendig. Das kann z. B. die Größe der Abweichung sein, die Anzahl der Ausreißer usw. Dafür kann auch die funktionale Distanz benutzt werden, die bestimmt, wie nahe die Attribute in einer bestimmten Ansicht zueinander in Verbindung stehen. Die Bestimmung der funktionalen Distanz ist sehr domänenspezifisch. Für numerische Werte (z. B. Wert einer Prozessvariable) kann dafür die Euklidische Distanz verwendet werden, für symbolische Werte (wie z. B. Telegramminhalte, ID's) andere Ansätze wie Dictionary-Analyse, Analyse der Systemarchitektur, Modellanalyse, Kooperations- analyse zwischen Komponenten (s. [Kun96]) usw.

Der Suchraum kann mit Hilfe von Constraints weiter eingeschränkt werden. Constraints stellen zusätzliche Annahmen über das Prozessverhalten dar und sind sehr domänenspezifisch. Im letzten Beispiel wurde z. B. die Suche eingeschränkt, indem maximal zwei Prozesse als potenziell verdächtig definiert wurden, da es aus früherer Erfahrung bekannt war, dass die Fehler meistens durch Interaktion von zwei Prozessen entstehen.

Die Lern- und Modellbildungsmethoden sind in Tabelle 1 je nach Zielen der Diagnose zusammengefasst.

Tabelle 1. Modellbildungsmethoden zur Diagnose.

Diagnosevorgang	Methoden
Ermittlung von typischen Abläufen	Clusterung und Klassifizierung: statistische Klassifizie- rung, neuronale Netze (Kohonen-Netze), Fuzzy- Klassifikatoren
Suche nach Abweichungen, Anomalieerkennung	statistischer Vergleich, neuronale Netze
Attributenauswahl	statistische Auswahl, Klassifizierung
Ermittlung kausaler Zusammenhänge	Automatengenerierung, neuronale Netze (Elman- Netze), Assoziationsregeln, Zeitreihenanalyse

Die Wahl der konkreten Methode hängt stark von der Anwendungsdomäne ab, deshalb ist besonders hier die Flexibilität des Diagnosetools gefragt.

6 Zusammenfassung und Ausblick

In dieser Arbeit wurde ein einheitliches generisches Modell zur Beschreibung von Traces unterschiedlicher Herkunft vorgestellt. Das Modell und die Suchmechanismen wurden prototypisch in Java implementiert und mit realen Beispielen aus der Industrie getestet. Durch die einheitliche Darstellung der Regeln und die Kombination von modellbasierten und lernenden Diagnosemethoden wurde eine hohe Effizienz der Diagnose im Vergleich zur bisher verwendeten manuellen Auswertung erreicht.

Ein großes Potenzial zur Weiterentwicklung liegt in lernenden Verfahren, die in Kapitel 5 kurz charakterisiert wurden. Durch die allgemeinen Schnittstellen können weitere Lernverfahren leicht implementiert werden. Dadurch lässt sich das Diagnosetool auf die wechselnden Anforderungen der jeweils untersuchten Anwendung anpassen. Auch die Erfahrungen aus verschiedenen Domänen können leicht ausgetauscht werden.

Weitere Perspektiven bietet die Online-Diagnose, die schnellere Reaktionszeiten und effektivere Datenverarbeitung verspricht. Von besonderer Bedeutung sind dabei die Fragen des dynamischen Lernens, der Verwaltung von verteilten Wissensbasen und der Optimierung der Kommunikation zwischen dem Datenerzeuger und dem Diagnosesystem.

Wichtig sind auch die Fragen der Interaktion mit menschlichen Experten. Besonders aufwendige Operationen wie die Eingabe von Regeln und die Darstellung der Ergebnisse müssen in der künftigen Arbeit an die menschliche Wahrnehmung angepasst werden.

7 Literatur

[Han01] Han, D., Manilla, H., Smyth, P.: *Principles of Data Mining*. MIT Press, 2001

[Ise93] Isermann, R. (Hrsg.): *Überwachung und Fehlerdiagnose technischer Systeme. Moderne Methoden und ihre Anwendungen bei technischen Systemen*. VDI-Verlag, Düsseldorf 1993.

[Kla95] Klar, R. et al.: *Messung und Modellierung paralleler und verteilter Systeme*. Stuttgart: Teubner, 1995.

[Kop01] Kopetz, H.: *Real-Time Systems. Design Principles for Distributed Embedded Applications*. Kluwer Academic Publishers, 2001.

[Kun96] Kunz, T.: *Evaluating Process Clusters to Support Automatic Program Understanding*. WPC'96: Proceedings of the IEEE Fourth Workshop on Program Comprehension, Berlin, Germany; March 29-31, 1996

[Man95] Mansouri-Samani, M.: *Monitoring of distributed systems*. PhD Thesis, University of London, 1995.

[Pri99] Price, Ch.: *Computer-Based Diagnostic Systems (Computer-Based Troubleshooting)*. Springer-Verlag, 1999.

[Qua94] Quade, J.: *Automatische Zustandsmodellgenerierung für die Diagnose technischer Prozesse*. PhD thesis. TU München, 1994.

[Rus02] Russel, S., Norvig, P.: *Artificial Intelligence: A Modern Approach*. Second Edition, Pearson Education Inc., New Jersey, 2002.

Softwaretest von verteilten Echtzeitsystemen im Automobil anhand von Kundenspezifikationen

S. Jovalekic[1], G. Martinek[1], Th. Okrusch[2]

[1] Fachhochschule Albstadt-Sigmaringen
Softwaretechnik und Echtzeitsysteme
Poststraße 6, D-72458 Albstadt
[2] Robert Bosch GmbH
Robert-Bosch-Allee 1
D-74232 Abstatt

1 Einleitung

Vernetzte elektronische Steuergeräte ECU's (Electronic Control Unit) im Automobil kommunizieren über den echtzeitfähigen CAN (Controller Area Network) Bus. Der Datenaustausch zwischen den Steuergeräten erfolgt über die Botschaften. Botschaften von den Sendesteuergeräten und Sensoren werden in den Empfangssteuergeräten verarbeitet und an andere Steuergeräte und Aktoren ausgegeben.

Im Automobil gibt es mehrere Steuergeräte, z.B. Bremssteuergerät, Motorsteuerung. Diese verrichten die Aufgaben in Echtzeit, teilweise mit harten Zeitanforderungen. Elektronische Steuergeräte werden von verschiedenen Herstellern entwickelt und müssen miteinander fehlerfrei kommunizieren. Automobilhersteller fordern von den Steuergerätezulieferern detaillierte Tests als Qualitätsnachweis.

Ziel dieses Aufsatzes ist die Erläuterung der Konzeption der Blackbox Softwaretests für Steuergeräte im Automobilbereich anhand von formalen Kundenspezifikationen sowie die Architektur des unterstützenden Testwerkzeugs CAN Bus Monitor. Es wird auf die Anforderungsspezifikation und der Softwareentwurf des Testwerkzeugs eingegangen.

2 Übersicht der Eigenschaften des CAN Busses

CAN dient der Vernetzung von Steuergeräten auf der Prozessebene mit relativ geringer Entfernung. Die Datenübertragung zwischen den Teilnehmern erfolgt seriell über eine abgeschirmte Zweidraht-Leitung. Die Botschaften sind maximal 8 Datenbytes lang. Die Baudrate beträgt 1 Mbit/s bei 30m und 125 kbit/s bei 500m Buslänge.

Bei der Datenübertragung werden keine Steuergeräte adressiert, sondern der Inhalt einer Botschaft wird durch einen busweit eindeutigen Identifier gekennzeichnet. Der Identifier legt auch die Priorität der Botschaft fest. Dies ist für die Buszuteilung entscheidend, wenn mehrere Stationen um das Buszugriffsrecht konkurrieren. Die Zuteilung des Busses erfolgt mit bitweiser Arbitrierung.

Die Steuergeräte kommunizieren nach dem Multi-Master Prinzip. Möchte die CPU eines beliebigen Steuergerätes eine Botschaft einem oder mehreren Steuergeräten senden, so übergibt sie die Daten und deren Identifier an den zugeordneten CAN-Baustein. Dieser übernimmt die Übertragung der Botschaft. Sobald der CAN-Baustein die Buszuteilung bekommt, werden alle anderen Steuergeräte des CAN-Netzes zu Empfängern dieser Botschaft. Anhand des Identifier stellen alle Steuergeräte im CAN-Netz fest, ob die empfangenen Daten für sie relevant sind. Diese werden dann weiterverarbeitet, ansonsten ignoriert.

Wegen hohen Anforderungen an Zuverlässigkeit und Sicherheit, beinhaltet CAN Bus leistungsfähige Fehlererkennung und Fehlerbehandlung [1].

3 Spezifikation des Datenverkehrs auf dem CAN Bus

Botschaften sind Kommunikationsobjekte im CAN Netzwerk. Sie sind durch eine Kennung, einen Namen, Zykluszeit, den Sender und den/die Empfänger der Botschaft spezifiziert. Signale als Komponenten der Botschaften dienen zur Übertragung von physikalischen Werten. Analoge Signale sind durch einen Namen, Wertetyp, min./max. Wert, Offset und Faktor beschrieben. Diskrete Signale werden durch Wertetabellen beschrieben. Es können Werte in einem Wertebereich liegen oder mit einer Ungültigkeitsbedeutung versehen werden.

Für die Entwicklung eines verteilten Systems sind Angaben über sämtliche Netzwerknoten, Botschaften mit deren Sendern und Empfängern, Signalen und deren Werten erforderlich. Diese Informationen stehen in der CAN Datenbasis. In der Abbildung 1 ist vereinfacht der Botschaftenaustausch auf dem Motorbus zwischen dem *Bremssteuergerät* mit Fahrdynamik-Regelsystemen und den Steuergeräten *Getriebesteuerung* und *Motorsteuerung* dargestellt.

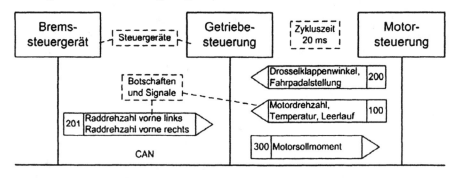

Abbildung 1. Datenaustausch auf dem Motorbus

Die Elektronische *Getriebesteuerung* braucht zur Berechnung des optimalen Ganges die momentane Fahrzeuggeschwindigkeit. Hierzu stellt das *Bremssteuergerät* über die Botschaft 201 mit einer Zykluszeit von 20 ms die Raddrehzahlen zur Verfügung. Von der *Motorsteuerung* werden über die Botschaften 100, 200 die Motordrehzahl und der Drosselklappenwinkel, als Maß für die Motorlast, sowie die Fahrpedalstellung als Fahrerwunsch zur Verfügung gestellt. Während des Schaltvorgangs liefert die *Getriebesteuerung* an *Motorsteuerung* über die Botschaft 300 das Motorsollmoment, um einen weichen Schaltvorgang zu erreichen [2].

4 Testverfahren

Aus der Spezifikation des verteilten Systems durch die CAN Datenbasis kann der Netzverbund der kommunizierenden Geräte um das Teststeuergerät nachgebildet und simuliert werden. Es muss gewährleistet sein, dass die Simulation die Echtzeitanforderungen des realen Systems für statische Betriebszustände erfüllt. Dieses Verfahren ist unter dem Begriff Restbussimulation bekannt.

Während der Entwicklung von Steuergeräten können sich die erfassten Signalwerte von den spezifizierten Signalen unterscheiden, was im endgültigen Produkt zu Fehlverhalten führen würde. Deshalb ist es äußerst wichtig diese Fehler zu entdecken und bis zum Serienanlauf zu beheben.

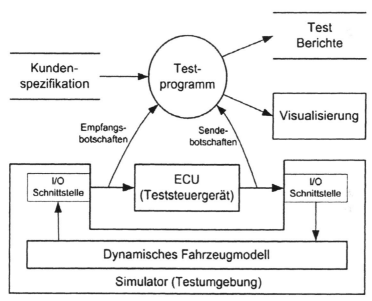

Abbildung 2. Ablauf des dynamischen Softwaresystemtests

Eine weitere Unterstützung von Softwaretests stellt die Visualisierung und Analyse des CAN Datenverkehrs des Teststeuergerätes in einer Testumgebung. Sie soll der Nachbildung der Fahrzeugdynamik dienen. Nach Abbildung 3 werden die Ausgangsgrößen des dynamischen Fahrzeugmodells durch die I/O Schnittstelle in CAN Botschaften transformiert. Das zu testende Steuergerät verarbeitet empfangene Botschaften und erzeugt eigene Botschaften, die durch die I/O Schnittstelle in Eingangsgrößen für das dynamische Fahrzeugmodell bereitgestellt werden.

Mit Hilfe der Kundenspezifikation wird geprüft, ob alle Sende- und Empfangsbotschaften des Teststeuergerätes den Vorgaben entsprechen. Um die Tests effizient durchführen zu können, sollen verschiedene Fahrzeugtypen und Betriebszustände wie sie auf der realen Teststrecke vorkommen einfach nachgebildet werden können.

Für Langzeittests werden ausgewählte Signale aufgenommen, um eine Offline Analyse durchzuführen. Die Testergebnisse werden in Form kompakter Berichte bereitgestellt.

5 Anforderungen an den CAN Bus Monitor

Der CAN Bus Monitor ist ein Softwarewerkzeug, das ermöglicht Blackbox Tests an Steuergeräten durchzuführen. Die Anforderungen an den CAN Bus Monitor wurden von Mitarbeitern festgelegt, die durch Umgang mit bereits bestehenden Testsystemen viel Erfahrung gesammelt haben. In der Abbildung 3 wurden die Anforderungen mit der klassischen strukturierten Analyse erfasst. Diese werden unterschieden in notwendige Anforderungen und solche, die den Umgang mit der Software verbessern [3], [4].

Botschaften vom CAN Bus werden über eine CANcard Karte erfasst und der weiteren Verarbeitung zugeführt. Strikte Trennung der Erfassung ist erforderlich, damit in der Zukunft andere CAN Karten, z.B. CANcardX unterstützt werden können, ohne die Softwarearchitektur verändern zu müssen.

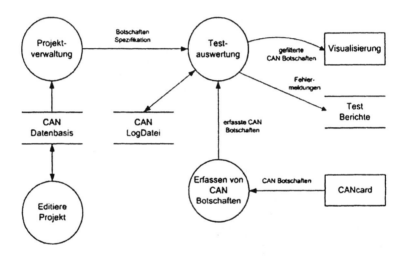

Abbildung 3. Anforderungsanalyse des CAN Bus Monitors

Die Hauptanforderungen betreffen das Speichern, Laden und den automatischen Vergleich von Ist- und Sollwerten der Signale entsprechend der Kundenspezifikation in der CAN Datenbasis. Sie beinhalten auch die geeignete Darstellung erkannter Fehler für den Benutzer. Die Verwaltung von Testprojekten und zugehöriger Dateien sowie die Auswahl der CAN Datenbasis soll möglich sein. Folgende zusätzliche Anforderungen wurden identifiziert:

— Möglichkeit zur Definition von Filtern zur Auswahl bestimmter Botschaften um die Anzahl an empfangenen Daten zu verringern.

— Online / Offline Analysen – Daten bereits durchgeführter Analysen können im Offline Modus erneut betrachtet werden.

— Langzeit Analysen – es muss möglich sein Analysen über einen Zeitraum bis 20 Minuten zu machen.

- Report Generierung – am Ende einer Analyse wird ein Report erzeugt der eine Übersicht über alle erkannten Fehler gibt.

- Übersicht über den CAN Bus – mit Hilfe der CAN Datenbasis kann eine Übersicht über das Netzwerk und das ausgewählte Teststück erzeugt werden.

- Projektverwaltung – da sich während der Entwicklungszeit eines Steuergerätes die CAN Datenbasis ständig ändert ist zur Benutzerunterstützung eine Projektverwaltung sinnvoll.

- Veränderbare Wertbeschreibungen – die in der CAN Datenbasis definierten Wertebeschreibungen für Signale können in der Anwendung verändert werden.

Unter den nichtfunktionalen Anforderungen werden die Zeitanforderungen an das Werkzeug betrachtet. Unter der Annahme, dass etwa 800 Botschaften in der Sekunde auf dem CAN Bus auftreten und maximal 64 Signale mit je zwei Werten in jeder Botschaft enthalten sind, ergibt sich im schlechtesten Fall der Bedarf von etwa 20μs zur Bearbeitung eines Signals.

$$1 / 800 \text{ Botschaften} / s = 1{,}25ms / \text{Botschaft}$$
$$1{,}25ms / \text{Botschaft} = 1{,}25ms / 64 \text{ Signale} = 19{,}5μs / \text{Signal}$$

6 Architektur des CAN Bus Monitors

6.1 Softwarearchitektur

Zur Strukturierung des gesamten Softwaresystems wurde frühzeitig das Schichtenmodell mit drei Schichten gewählt. Die CAN Datenbasis stellt die unterste Schicht dar. Sie wird von Kunden bereitgestellt. Darauf baut die Schicht mit den Zugriffsfunktionen auf die CAN Datenbasis, sog. DBCLib. Diese Bibliothek wird dann von dem CAN Bus Monitor als dritte Schicht verwendet. Strikte Trennung in Schichten mit definierten Schnittstellen brachte Vorteile für den Projektfortschritt. Insbesondere konnte die Komplexität des gesamten Systems wesentlich reduziert werden [5].

Die gesamte Anwendung wurde mit Microsoft Visual C++ 6.0 implementiert, wobei auf verschiedene Eigenschaften von C++ aus Gründen der Laufzeiteffizienz einiger Komponenten verzichtet wurde, z.B. Ausnahmebehandlung, Laufzeit-Typinformationen [6].

Abbildung 4 zeigt die Übersicht des CAN Bus Monitors unterteilt in mehrere Komponenten, die eine dedizierte Aufgabe verrichten. Gute Erfahrungen an ähnlichen Projekten im Labor haben den Einsatz von Softwaremustern beim CAN Bus Monitor an einigen Stellen nahe gelegt [7].

MFC Klassen sind Teil der Microsoft Foundation Class Library. Sie enthalten das Dokument-/Ansichtsmodell zur Trennung der darstellenden Aspekte der Benutzerschnittstelle von den Anwendungsdaten. Dies entspricht dem Observer Muster. Dieses Muster gewährleistet die Konsistenz der lose gekoppelten Komponenten durch Festlegung der Abhängigkeiten zwischen den abhängigen Objekten. Bei Änderung des Zustandes des unabhängigen Objektes werden abhängige Objekte automatisch benachrichtigt. Diese aktualisieren anschließend deren Zustand. Views Klassen zur

Visualisierung der CAN Botschaften werden von CViews abgeleitet. Sie stellen Methoden zum Kreieren, Zeichnen und Aktualisieren der Fenster. CAN-DBC_Data kapselt CAN Daten und speichert erkannte Fehler während der Testdurchführung.

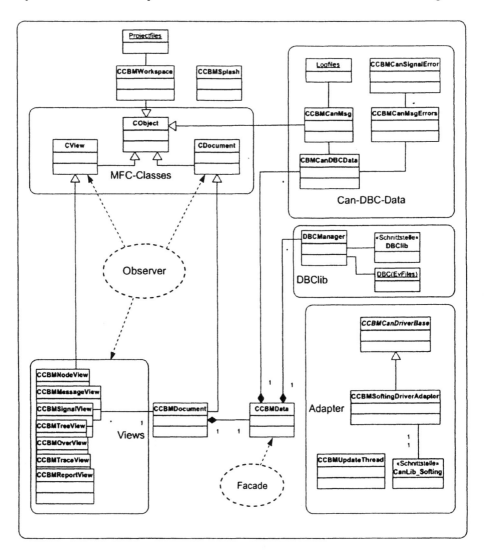

Abbildung 4. Übersicht des Softwaresystems

Adapter Klassen sind verantwortlich für die Erfassung von Botschaften vom CAN Bus. Das Adapter Softwaremuster wurde eingesetzt, um eine Unterstützung weiterer CAN Netzwerkkarten zu ermöglichen, ohne die gesamte Anwendung neu schreiben zu müssen. Beim Hinzufügen einer neuen CAN Karte wird die zugehörige Adapter-Klasse von der Basisklasse CCBMCanDriverBase abgeleitet, wobei deren abstrakte Methoden für die hinzugefügte Hardware zu implementieren sind.

DBCmanager stellt die Schnittstelle für DBCLib dar, über die auf die CAN Datenbasis zugegriffen wird. Das Fassade Softwaremuster erlaubt es die Datenrepräsentation innerhalb der Anwendung übersichtlich zu halten. Alle CAN spezifischen Daten sind in der gesamten Applikation über diese Fassade zu erreichen. Da ein weiteres Testwerkzeug ebenfalls diese Schnittstelle benutzt, wurde die DBClib als DLL (Dynamic Link Library) entwickelt [8].

6.2 Entwurf der Benutzerschnittstellen

Die erfassten Daten werden mit Hilfe der folgenden Ansichten dem Benutzer zur Verfügung gestellt:

— OverView stellt die in der CAN Datenbasis enthalten Informationen über Netzwerkknoten als Grafik dar. Die Netzknoten sind in eine Sende- und eine Empfangsgruppe unterteilt, die jeweils die Botschaften an das Teststeuergerät senden bzw. von diesem die Botschaften empfangen.

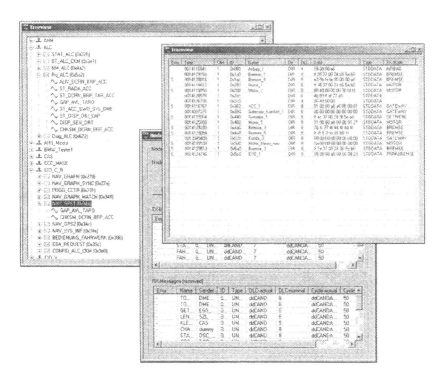

Abbildung 5. Ansichten des CAN Bus Monitors

— NodeView zeigt alle Informationen eines ausgewählten Netzknoten an, einschließlich der Liste der empfangenen und gesendeten Botschaften. Die Listen können durch Anklicken des Spaltenkopfs sortiert werden. Für vertiefte Untersuchungen der Daten dieser Ansicht kann die Aktualisierung verhindert werden. Durch Doppelklick auf eine der Botschaften dieser Ansicht wird die Ansicht MessageView für diese Botschaft geöffnet.

— MessageView zeigt die Daten einer Botschaft und der enthalten Signale sowie die auftretenden Fehler an. Die Bedienfunktionen der Ansicht NodeView sind auch bei dieser Ansicht vorhanden.

— SignalView enthält detaillierte Informationen eines Signals wie Kommentare und Signalwertbeschreibungen.

— TreeView bietet schnellen Zugriff auf detaillierte Ansichten von allen Elementen des Netzwerkes und gibt detaillierte Informationen über die Daten der CAN Datenbasis. Sie ist geeignet, um die Signalwertebeschreibungen schnell zu editieren.

— TraceView zeigt alle von Bus empfangenen Botschaften unabhängig von der Spezifikation in der CAN Datenbasis an. Sie kann zum Testen der Funktionsfähigkeit der CAN Netzwerkkarte genutzt werden.

7 Einsatzumgebung für das Testwerkzeug

Getestet und benutzt wird der CAN Bus Monitor u.a. mit dem Laborauto (LabCar). Es ist auch der Einsatz bei Restbus-Simulationen mit CANoe vorgesehen. Entscheidend ist, dass das Steuergerät in den Betriebszustand gelangt, so dass seine Sendebotschaften überprüft werden können.

Das LabCar wird genutzt um Steuergeräte zu testen. Es bildet das dynamische Verhalten des Automobils nach. Das während der Entwicklung eingesetzte Lab-CarNG lässt sich in vier Bereiche unterteilen:

— Die LoadBox - hier können verschiedene Einschubkarten eingesetzt werden, z.B. eine Karte die die Ansteuerung der Magnetventile für das Hydrauliksystem übernimmt.

— Die BreakOutBox - ermöglicht es den Ausfall von Sensoren und Teilsystemen zu simulieren.

— Die SignalBox - hier werden alle CAN Botschaften generiert, die in der Simulation erzeugt wurden. Die Simulation selbst läuft auf einem PowerPC der ebenfalls hier eingebaut ist.

— Stromversorgungseinheit - die das gesamte Labcar sowie die angeschlossenen Steuergeräte mit Strom versorgt.

Das LabCar lässt sich mit Hilfe eines Desktop PCs und der passenden Software steuern, auch wird der Simulationscode mit diesem Desktop PC erstellt und dann auf den PowerPC im LabCar geladen. Die Steuerung vom externen Desktop PC und die intern ablaufenden Simulation ist eine Mischform aus OpenLoop und ClosedLoop Simulationen. Dies bedeutet, das nicht nur simulationsinterne Werte beachtet werden, sondern auch die Werte der Steuergeräte und externe Signale.

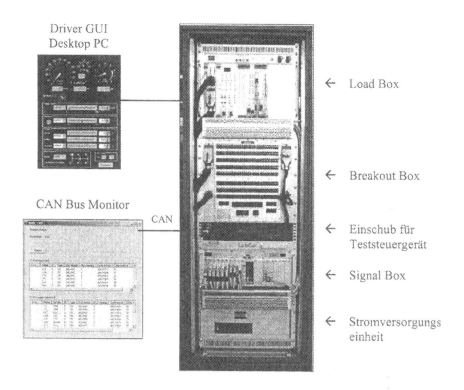

Driver GUI
Desktop PC

CAN Bus Monitor

CAN

← Load Box

← Breakout Box

← Einschub für
Teststeuergerät

← Signal Box

← Stromversorgungs
einheit

Abbildung 6. CAN Bus Monitor in LabCar NG Umgebung

8 Ergebnisse und Ausblick

Die erste Version des CAN Bus Monitors befindet sich in der Testphase. Man erwartet, dass der Einsatz des CAN Bus Monitors eine Zeitersparnis bei der Durchführung von Tests mit sich bringt. In der Entwicklung befindlichen Steuergeräte sollen vollständig dahingehend getestet werden, ob die tatsächlich gesendeten Daten auch denen aus der Spezifikation entsprechen.

Erste Laufzeitmessungen haben gezeigt, dass von ca. 100.000 Botschaften 10 nicht empfangen werden können. Die Systemanforderungen an den CAN Bus Monitor sind recht hoch, da im schlechtesten Fall mit bis zu 1000 Botschaften pro Sekunde gerechnet werden muss. Im Durchschnitt ist mit 800 Botschaften zu rechnen. Dabei stehen ca. 1,25 ms zur Verarbeitung und Darstellung einer Botschaft zur Verfügung.

Die Gliederung der Software in Schichten mit definierten Schnittstellen brachte mehrere Vorteile. Implementationen bei stabilen Schnittstellen konnten auch zum späteren Zeitpunkt geändert und optimiert werden, ohne dass darüber liegende Schichten stark beeinträchtigt wurden. Die Wiederverwendbarkeit von gesamten Subsystemen durch andere Anwendungen konnte erreicht werden. Die Verwendung des Schichtenarchitekturmusters hat die Verteilung und Zuordnung der Aufgaben an die Projektmitglieder vereinfacht und flexibler gestaltet.

Höherer Automatisierungsgrad des Testens durch externe Steuerung des CAN Bus Monitors wird angestrebt. Dadurch soll der gewünschte Zustand des Monitors benutzerdefiniert eingestellt werden und nach dem Testablauf die verdichteten Ergebnisse geliefert werden.

Danksagung

Mitarbeiter der Abteilung für Softwaretest bei Robert Bosch GmbH, Abstatt sowie die Studenten und Mitarbeiter des Labors für Softwaretechnik und Echtzeitsysteme der Fachhochschule Albstadt-Sigmaringen haben an der Forschung und Entwicklung mitgewirkt. Peter Schubert und Holger von Dehn haben durch organisatorische und fachliche Unterstützung die Zusammenarbeit ermöglicht. Ralph Meinel, Rainer Weishaupt und Michael Haller haben in verschieden Projektphasen durch Diskussionen, Bereitstellung von Softwarekomponenten und Durchführung von Tests die Arbeiten am CAN Bus Monitor unterstützt. Dr. Sati McKenzie von der Universität Greenwich, London hat die Mitbetreuung der Arbeit übernommen. Robert Bosch GmbH hat die erforderlichen Laborgeräte und Entwicklungssoftware bereitgestellt.

Literaturverzeichnis

1. Lawrenz, W.: CAN Controller Area Network. Grundlagen und Praxis, Hüthig, 4. Auflage 2000, 478 S., ISBN 3778527800.
2. Vector Informatik GmbH: CANalyzer, Werkzeug und Benutzerhandbuch zur Analyse des Datenverkehrs auf dem CAN Bus, www.vector-informatik.de.
3. DeMarco, T.: Structured Analysis and System Specification, Prentice Hall 1979, 714 S., ISBN 0138543801.
4. IEEE Recommended Practice for Software Requirements Specifications, IEEE Std 830-1993, ISBN 1-55937-395-4.
5. Parnas, D.L.: On the Criteria To Be Used in Decomposing Systems into Modules, Communications of the ACM, Vol. 15, No. 12, December 1972 pp. 1053 – 1058.
6. Swanke, J.: VC++ MFC Extensions by Example, McGraw-Hill Publishing Company 2000, 634 S., ISBN 0879305886.
7. Jovalekic, S.; Ikhwani, I.; Boissard, O.: Software Design by Patterns for Process-Oriented Applications, Proceedings of the 6th IASTED International Conference Software Engineering and Applications, pp 143-148, Nov., 4-6, 2002, Cambridge, USA, ISBN 0-88986-323-7.
8. Gamma, E.; Helm, R.; Johnson, R.; Vlissides, J.: Design Patterns, Elements of Reusable Object-Oriented Software, Addison Wesley 1995, ISDN 0-201-63361-2.

Messungen von Echtzeitverhalten im G-WiN

R. Kleineisel, I. Heller, S. Naegele-Jackson

Regionales Rechenzentrum Erlangen (RRZE)
der Universität Erlangen-Nürnberg
Martensstrasse 1
D- 91058 Erlangen

1   Hintergrund

Das G-WiN Labor des DFN-Vereins am RRZE erarbeitete in den letzten Jahren Realisierungsvorschläge für ein Messkonzept zur Dienstgütebestimmung im G-WiN, die auf den Ansätzen der IETF basieren. In der Working Group IP Performance Metrics (IPPM) wurde dazu 1998 ein umfangreiches Rahmenwerk verabschiedet [1]. Für die empfindlichsten Größen des Rahmenwerks, den One-Way Delay (OWD) bzw. die One-Way Delay Variation (OWDV), entwickelte das Labor Messverfahren. Diese wurden als Grundlage für eine Kooperation mit der Telekom genutzt, bei der erste Ergebnisse in einfachen Labor-Testbeds erreicht wurden (QoS von IP-Verbindungen unter Echtzeitbedingungen). Im Rahmen einer Diplomarbeit am RRZE wurde darauf aufbauend ein Prototyp entwickelt, der die Leistungsmetriken Delay, Delay Variation und Verluste bestimmen kann. Erste Messungen mit diesem Programm gab es auf der Strecke Erlangen-Berlin im Dezember 2000. Dieser Prototyp wurde vom G-WiN Labor weiterentwickelt und verbessert. Ziel dieser Messungen ist es,

- Für den DFN-Verein ein zusätzliches Kontrollwerkzeug zu liefern, mit dem die vereinbarten Dienstgüteparameter im G-WiN überprüft werden können.
- Probleme im Netz (z.B. schlechte Übertragung bei einer Videokonferenz) besser aufzuspüren.
- Die Dienstgüte für etwaige zukünftige, unterschiedliche Dienstklassen im G-WiN zu bestimmen (Precedence Bits im ToS-Feld).

2   Das Messprogramm (Stand Juli 2003)

Bei diesem Messprogramm handelt es sich um aktive Messungen. Im Gegensatz zu passiven Messungen, bei denen der tatsächliche Betriebsverkehr des Netzes analysiert wird, werden bei aktiven Messungen spezielle Testpakete erzeugt und zusätzlich mit ins Netz eingeschleust. Eine Sendestation (Linux-PC, Pentium 4) erzeugt Gruppen von UDP-Paketen in konfigurierbaren Abständen, versieht jedes einzelne Paket mit einem aktuellen Zeitstempel und einer Sequenznummer und sendet sie zu einer Empfangsstation. Diese bestimmt wiederum die aktuelle Empfangszeit und schreibt die gesammelten Daten in eine Logdatei. Daraus lassen sich dann One-Way Delay, Delay Variation und Paketverluste berechnen. Der zeitliche Abstand zwischen den

Gruppen, die Anzahl der Pakete pro Gruppe und die Paketgröße sind konfigurierbar. Minimum, Maximum und der Median des One-Way Delays zu jeder Gruppe lassen sich bestimmen und grafisch darstellen. Der Median dient insbesondere dazu, einzelne "Ausreißer" in den Messungen zu eliminieren. Die im IP-Header definierbaren Precedence Bits im ToS-Feld werden explizit gesetzt und somit einer speziellen Dienstklasse zugeordnet. Da bislang keine Unterscheidung von verschiedenen Dienstklassen im G-WiN stattfindet, werden die Precedence Bits aller Testpakete derzeit einheitlich auf 0 gesetzt. Bei den vorliegenden Messungen wird alle 10 s eine Gruppe von 5 Testpaketen verschickt, wobei ein zeitlicher Abstand der Pakete in einer Gruppe von 5 ms eingehalten wird. Dieser Offset ist nötig, um ein künstlich erhöhtes Delay aufgrund einer Wartezeit in der Netzwerkkarte zu vermeiden.

Für jede Messstrecke gibt es einen Sende- und einen Empfangsprozess. Alle Sendeprozesse einer Messstation müssen mit einem Offset gestartet werden, damit sich die Prozesse nicht gegenseitig behindern und somit alle Pakete zeitlich versetzt erzeugt werden können. Eine analoge Problematik besteht auch auf der Empfängerseite. Hier ist jedoch noch keine programmtechnische Lösung realisiert.

Um ausreichend genaue One-Way Delay Messungen zu erzielen, ist es wichtig, die Messstationen zeitlich sehr genau miteinander zu synchronisieren. One-Way Delays im G-WiN liegen im Bereich unter 10 ms. Dies macht eine maximale Abweichung der Uhren von weniger als 0.1 ms nötig. Somit reicht eine Zeitsynchronisation mittels NTP (Network Time Protocol) [2] über externe Zeitserver nicht aus, so dass auf das Zeitsignal interner GPS-Empfänger zurückgegriffen wurde. Im Sommer 2002 wurde die erste Messstation mit GPS-Antenne in Erlangen erfolgreich in Betrieb genommen. Bis Juli 2003 wurden an acht Level 1 und an vier Level 2 Kernnetzstandorten Messstationen installiert. Ziel ist es, flächendeckende Messungen im G-WiN durchzuführen. Die geschätzte Genauigkeit der NTP-Synchronizität mittels GPS - die man sich mit dem Befehl ntptime ansehen kann   - liegt bei der derzeitig verwendeten Kernelversion bei 7 us.

Die Messstationen sind mit zwei Netzwerkkarten ausgestattet. Die eine wird mit einem Switch am G-WiN Kernnetz-Standort verbunden, die zweite kann am Netz der jeweiligen Einrichtung angeschlossen werden. Dadurch lassen sich Messungen bis zum Anwender hin durchführen, um mehr Informationen über die jeweilige Ende-zu-Ende Dienstgüte bzw. das jeweilige Verkehrsverhalten im Netz zu erhalten.

3   Messungen

Die auf Tagesbasis ausgewerteten Messergebnisse sind auf dem Web-Server des Labors unter (www-win.rrze.uni-erlangen.de) dargestellt. Nach der Installation der Messstationen an den verschiedenen G-WiN Standorten (Mitte 2003), wurde mit der eigentlichen Analyse und Interpretation der Messdaten begonnen.

3.1 Ausfall von SDH-Verbindungen im G-WiN

Fallen einzelne Verbindungen im G-WiN aus, wird der Verkehr umgeroutet. Aufgrund des Umroutens verändert sich die zurückgelegte Strecke der Datenpakete und somit auch deren One-Way Delays. Dies verdeutlicht folgendes Beispiel (Abbildung 1): Am 18.2.2003 fiel die Strecke Leipzig-München aus. Über sie wird im Normalfall geroutet, um von Erlangen nach Leipzig zu kommen. Da der Ersatzweg physikalisch über eine längere Strecke mit mehreren Zwischenroutern führte, stieg das One-Way Delay zwischen Erlangen und Leipzig - in beide Richtungen – sprungartig an.

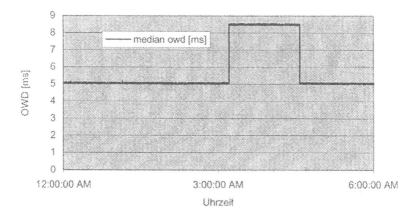

Abbildung 1 Anstieg des OWD am 18.2.2003 zwischen Erlangen und Leipzig

3.2 Verlust der Zeitsynchronisation

Das Messprogramm ermittelt bis dato seine Zeitstempel anhand der internen Systemzeit des PCs, die mittels NTP gesetzt wird. NTP verwendet hierbei den internen GPS-Empfänger als Zeitserver. Verliert NTP die Synchronizität zur GPS-Karte, führt das zu einem Auseinanderdriften der Uhren. Somit nimmt das OWD stetig zu. Um den Verlust der Synchronisierung aufgrund eines Problems von NTP zu vermeiden, wird das Messprogramm derzeit so umgeschrieben, dass die Zeitdaten direkt aus der GPS-Empfangskarte (PCI-Karte) ausgelesen werden können, so dass der Umweg über NTP unnötig wird.

3.3 Anstieg des Delays zur Hauptverkehrszeit

Die Betrachtung einzelner Tagesstatistiken zeigt, dass es auf manchen Strecken zur Hauptverkehrszeit zu stärkeren Schwankungen des Delays kommt. Oft sind es nur einzelner erhöhte „Ausreißer", die in dieser Zeit zu sehen sind, in ein paar Fällen sieht man jedoch eine deutliche Streuung der Delays. Abbildung 2 zeigt eine Messung zwischen einer Einrichtung und dem nächsten Level 1 Kernnetzknoten. Die Streuung ist in den frühen Morgenstunden geringer als zur Hauptverkehrszeit. Die Hauptverkehrszeit konnte dabei über die Leitungsauslastungsstatistik des CNM des DFN-Vereins bestimmt werden [3].

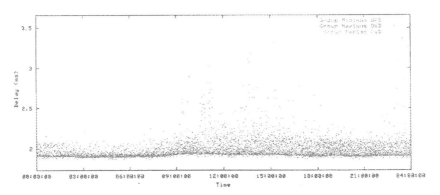

Auslastung: Tagesstatistik vom 10.6.2003

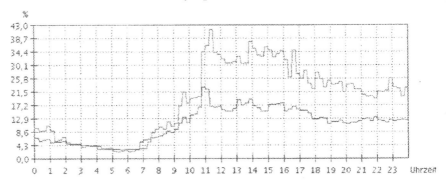

Abbildung 2 Anstieg des Delays zur Hauptverkehrszeit

4   Interpretation der Ergebnisse am Beispiel von H.323

Multimediale Daten stellen bei einer Übertragung hohe Anforderungen an das Netzwerk, da Audio- und Videodaten sehr strengen zeitlichen Begrenzungen unterworfen sind. Für eine fehlerfreie Bildübermittlung muss gewährleistet sein, dass das Netz eine Senderate von 24 bzw. 30 Frames pro Sekunde aufrecht erhalten kann. Delay und Delay Variation (Jitter) können deutliche Störungen der Bildqualität hervorrufen, und manche Anwendungen sogar unbrauchbar machen.

Besonders anfällig für Jitter- und Delay-Änderungen sind bidirektionale Videoübertragungen in Echtzeit, bei denen ein Kommunikationsaustausch stattfindet. Sind hier Jitter- und Delay-Werte zu hoch, so entstehen sichtbare und hörbare Fehler, da die notwendigen Daten am Empfänger nicht rechtzeitig zur Abspielung zur

Verfügung stehen, und Ton und Bild unvollständig ausgestrahlt werden müssen. Besonders hochqualitative Anwendungen in der Telemedizin oder Fernsehtechnik sind daher auf geringe Delay- und Jitterwerte angewiesen.

Bei uni-direktionalen Anwendungen, wie z.B. Videostreaming bei Video-on-Demand von einem Video-Server, können Schwankungen teilweise noch durch Playout-Buffers ausgeglichen werden.

Um die Auswirkung von typischen Jitter- und Delaywerten auf die Bildqualität beurteilen zu können, wurde folgende Testumgebung zur Untersuchung von H.323 komprimierten Videosignalen aufgebaut (siehe Abbildung 3):

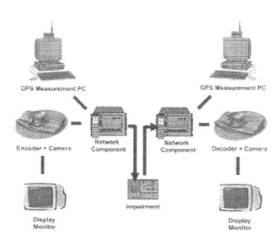

Abbildung 3   Testaufbau zur Beurteilung der Bildqualität von H.323 komprimierten Videosignalen

Zwei VCON Falcon IP Videoconferencing Tools [4] waren jeweils mit einem Cisco Catalyst 2900 XL Series Switch über ein FastEthernet Interface verbunden. Beide Cisco Switches verfügten gleichzeitig auch über ein ATM Interface und waren darüber miteinander verkabelt.

Zwischen die ATM Verbindung wurde ein ATM Messgerät von GNETTEST Interwatch 95000 geschaltet. Alle Tests wurden über diese IP über ATM Strecke durchgeführt. Das Messgerät ist in der Lage, Verkehr zu analysieren, kann aber auch typische QoS Parameter im Netz wie z.B. Verlustraten, Delay und Jitter der Pakete simulieren. Die Auswirkungen der simulierten Parameter konnten dann auf einem Display-Monitor verfolgt und subjektiv bewertet werden. Gleichzeitig war an jedem Cisco Switch eine Messstation angeschlossen, die die bei den Versuchen aufgetretenen Delay, Jitter und Paketverluste über IP ermittelten. Die beiden Messstationen waren mit Hilfe von GPS synchronisiert und verschickten alle 2 Sekunden eine Gruppe von 5 Messpaketen (ca. 1000 Byte pro Sekunde).

Die VCON Codecs verwendeten H.323 Komprimierung und erzeugten ein PAL Videosignal mit 24 Frames/Sekunde. Bei allen Tests waren die Geräte auf eine Bandbreite von 768 Kbps eingestellt. Als Bildquelle diente eine Person in einer typischen Videokonferenz-Kameraeinstellung (Kopf + Oberkörper), die ein weißes

Blatt Papier auf dunklem Hintergrund alternierend von links nach rechts bewegte. Zunächst wurde die Qualität der Videoübertragung in einer Referenzmessung ohne eine Simulation von zusätzlichem Delay oder Jitter am Messgerät untersucht. Bei allen weiteren Tests wurde mit Hilfe des Impairment-Tools des Messgerätes eine konstante Verzögerung von 12 ms eingestellt. Darüber hinaus wurden bei jedem Test auch Jitterwerte erzeugt, die bei allen Tests unterschiedlich waren. Die Jitterwerte am Messgerät wurden in Abständen von jeweils ca. 5 Minuten verändert und unterlagen einer geometrischen Verteilung. Das Impairment-Messgerät wurde dabei so eingestellt, dass auf IP-Ebene eine Delay-Verteilung (ermittelt mit den beiden IPPM-Messstationen) gemäß Tabelle 1 bzw. Abbildung 4 erzielt wurde.

Tabelle 1 Verteilung der IP-Delays

	Ohne Impair-ment	Test 1	Test 2	Test 3	Test 4	Test 5	Test 6
Mittelwert [ms]	0.40	15.66	17.07	34.96	57.74	98.46	233.90
Median [ms]	0.36	15.12	16.50	31.33	50.12	86.37	189.79
Standardab-weichung [ms]	0.08	2.19	3.13	16.38	32.46	56.67	155.4
Min [ms]	0.30	12.41	12.37	12.90	13.51	15.43	19.12
Max [ms]	0.73	27.96	30.02	113.22	237.19	383.45	843.99

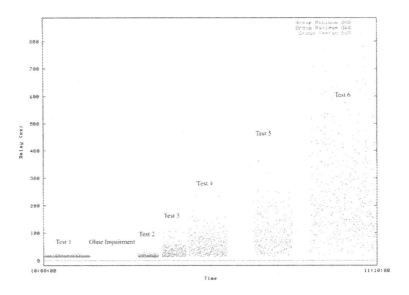

Abbildung 4 Verteilung der IP-Delays

Die Auswirkungen der Delay- und Jitterstörungen auf die Bildqualität wurden subjektiv beurteilt.

- **ohne Impairment:** Ohne Simulation von Delay- und Jitterwerten zeigten sich während schneller Bewegungen grobe Bildrasterungen; z.T. waren auch einzelne Blockfehler erkennbar. Der Decoder auf der Empfängerseite zeigte für einen kurzen Moment (9 Frames) ein Standbild. Bewegungen erschienen weich und flüssig (siehe Anhang).

- **Test 1:** Bei diesem Test waren Blockbildungen vor allem an kontrastreichen Kanten und bei schnellen Bewegungen erkennbar; ein Bildstillstand am Decoder wurde 5 mal festgestellt (siehe Anhang).
- **Test 2:** Bei schnellen Bewegungen wurden Blockbildungen nicht nur an kontrastreichen Kanten, sondern über weitere Flächen erkennbar. Bildstillstand trat häufiger auf (siehe Anhang).
- **Test 3:** Das Bild blieb vermehrt und auch länger (für mehrere Sekunden) stehen; Block- und Rasterbildung traten über das ganze Bild verteilt auf. Einzelne Bildrestteile blieben hängen und waren noch über mehrere Frames hinweg sichtbar.
- **Test 4:** Bewegungen erschienen immer ruckartiger, da einzelne Bilder über mehrere Frames hinweg nur Standbilder waren; Standbildphasen über 20 Frames hinweg traten 13 mal auf. Vier dieser Standbildphasen erreichten eine Länge von über 6 Sekunden. Nach Bildstillstand wurden die folgenden Frames vom Decoder mit erhöhter Geschwindigkeit abgespielt.
- **Test 5:** Blockbildungen wurden nun extrem sichtbar, Kanten waren nicht nur mit Blockfehlern behaftet, sondern wiesen auch innerhalb der Blöcke Verzerrungen auf. Bildstillstand war immer häufiger und länger zu beobachten. Ein Bildstillstand ergab sich meist nach Stillstand einzelner Bildfragmente (siehe Anhang).
- **Test 6:** Bildteile über die gesamte Bildfläche hinweg überlagerten sich; extreme Blockbildung und sehr unregelmäßige und nur noch ruckartige Bewegungen waren erkennbar. Durch Überlagerung von Blöcken erschienen ganze Bildbereiche verzerrt und verschoben (siehe Angang).

Die Bildstillstandsphasen mit einer Dauer von 20 Frames oder darüber sind in Abbildung 5 noch einmal erläutert. Angegeben sind jeweils die durchschnittliche Anzahl der Frames aller Aussetzer.

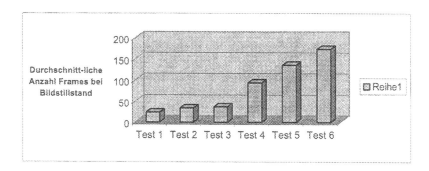

Abbildung 5 Anstieg der Bildstillstandphasen

Der subjektive Eindruck der Bildqualität wurde zusätzlich noch mit Hilfe der fünf Kategorien (Mean Opinion Scores (MOS)) der ITU-T Recommendation P.800 [5]

"Excellent", "Good", "Fair", "Poor" und "Bad" bewertet. Dabei ergaben sich folgende Beurteilungen (siehe Tabelle 2):

Tabelle 2 MOS der Bildbeurteilung

Ohne Impairment	Test 1	Test 2	Test 3	Test 4	Test 5	Test 6
Good	Good	Good	Fair	Poor	Bad	Bad

Die immer länger werdenden Bildstillstandsphasen, sowie die immer extremer auftretenden Blockfehler führten im Test 4 zu einer Bewertung mit "Poor"; die Tests 5 und 6 wurden als "Bad" eingestuft. Ein sinnvoller Einsatz der Geräte für Videokonferenzen ist bereits ab einer Bewertung mit „Poor" nicht mehr möglich.

4.1 Bedeutung für den realen Betrieb

Bei der Analyse der IPPM-Messungen konnten bisher nur in einigen wenigen Fällen ebenfalls Delayschwankungen festgestellt werden, die nach obiger Einteilung die Bewertung „Fair", „Poor" oder sogar „Bad" bekämen.

Das folgende Beispiel zeigt eine Messstrecke von einer Einrichtung *A* über das G-WiN in eine andere Einrichtung *B* hinein. Hier kam es zwischen 0:40 Uhr und 4:10 Uhr zu Delays bis in den Sekundenbereich (siehe Abbildung 6). Das Delay auf der Strecke *A* zur Messstation am DFN-Router unmittelbar vor der Einrichtung *B* (hier nicht gezeigt) ist gering (unter 30 ms). Folglich tritt die Delayerhöhung vermutlich durch eine Belastung der Router innerhalb der Einrichtung mit internem Verkehr auf. Die Verteilung der Delays ist in Tabelle 3 zu sehen. Der subjektive Eindruck der Bildqualität der VCON H.323 Codecs würde hier wahrscheinlich mit „Poor" bezeichnet werden, so dass in diesem Zeitraum kein sinnvoller Einsatz der Vieokonferenzsysteme möglich gewesen wäre.

Tabelle 3 Delay-Verteilung in der Zeit von 0:40 Uhr bis 4:10 Uhr

	Mittelwert	Median	Standardabweichung	Min	Max
OWD von *A* nach *B*	216.37 ms	61.05 ms	445.61 ms	13.89 ms	4042.27 ms

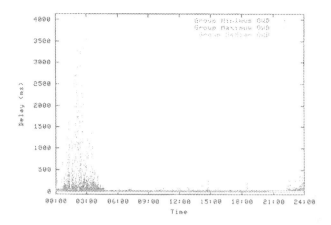

Abbildung 6 Hohes Delayaufkommen zwischen 2 Einrichtungen am G-WiN

Ein weiteres Beispiel zeigt eine Leitungsstörung im G-WiN, die zu erhöhten Delays führte (siehe Abbildung 7). Der Peak um kurz vor 9 Uhr ergab eine Verteilung des Delays, wie in Tabelle 4 aufgelistet.

Tabelle 4 Delayerhöhung aufgrund einer Leitungsstörung

	Mittelwert	Median	Standardabweichung	Min	Max
OWD	27.165 ms	25.21 ms	10.76 ms	7.14 ms	78.88 ms

Der subjektive Eindruck der Bildqualität der VCON H.323 Codecs würde hier wahrscheinlich mit „Good" bis „Fair" bezeichnet werden, d.h. eine Videokonferenz wäre gerade noch gut durchführbar. Bei einer weiteren Verschlechterung der Leitungsqualität, müsste man dann mit deutlichen Qualitätseinbußen bei der Videokonferenz rechnen.

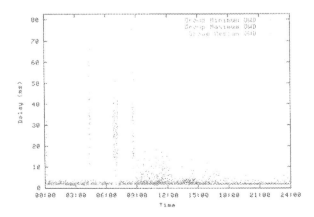

Abbildung 7 Erhöhtes Delay aufgrund einer Leitungsstörung

5 Zusammenfassung und Ausblick

Die vom G-WiN Labor in Erlangen durchgeführten OWD-Messungen auf IP-Ebene stellen ein nützliches Hilfsmittel zur Bestimmung der Dienstgüte im G-WiN dar. Sie können somit bei der Problemanalyse delay- und jittersensitiver Echtzeitanwendungen hilfreich sein, um beispielsweise ungünstige Übertragungsstrecken ausfindig zu machen. Die Auswertung und Analyse der gewonnen Daten hat soeben erst begonnen. Sie wird sicherlich noch viel Zeit in Anspruch nehmen, um die Daten richtig zu interpretieren. Es ist geplant, das Messprogramm auf Ipv6 anzupassen, so dass später auch OWD-Messungen auf der zukunftsorientierten Ipv6-Ebene möglich sind. Ebenso soll eine mobile Messstation, bestehend aus einem Laptop und einem DCF77/PZF-Empfänger mit Zimmerantenne zur Uhrensynchronisation installiert werden, um bestimmte Strecken, die bislang noch nicht mit den stationären Messstationen ausgerüstet sind, potentiell in kurzer Zeit auf Delayschwankungen hin überprüfen zu können.

Das Projekt wird teilweise vom DFN-Verein mit Mitteln des BMBF finanziert.

6 Literaturangaben

[1]   Framework RFC 2330, workgroup site http://www.ietf.org/internet-drafts/draft-ietf-ippm-ipdv-08.txt
[2]   Network Time Protocol, http://www.ntp.org
[3]   http://www.cnm.dfn.de
[4]   VCON Falcon IP Codecs, Release Notes + Manual, November 12, 2001
[5]   ITU-T Recommendation P.800 – Methods for Subjective Determination of Transmission Quality

Anhang: **Bildmaterial über Auswirkungen von Delay- und Jitterstörungen bei Videokonferenzen mit H.323 Komprimierung**

Ohne Impairment

Test 1

Test 2

Test 5

Test 6

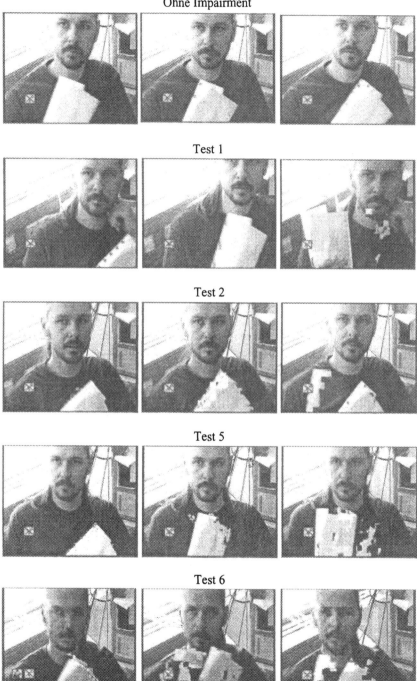